THOMAS KRÄMER

Die große Kuppel von Florenz

Thomas Krämer, geboren 1938, hat Architektur, Geschichte und Germanistik studiert und anschließend unter anderem den Beruf des technischen Zeichners ausgeübt. Nach dem Besuch des Waldorfseminars in Stuttgart war er ab 1973 Lehrer an den Schulen in Essen und Überlingen, zum Teil im Deutsch- und Kunstunterricht der Oberstufe, und mehrere Jahre lang Dozent am Seminar für Waldorfpädagogik in Berlin. Seit langer Zeit hält er sich immer wieder regelmäßig zu Studien in Florenz auf. Er organisiert und leitet Reisen in Italien, hält Vorträge und Kurse. 1992 erschien sein Buch *Florenz und die Geburt der Individualität,* dem die Darstellung des Kuppelbaus entnommen wurde.

THOMAS KRÄMER

DIE GROSSE KUPPEL VON FLORENZ

*Ein Führer
zu dem architektonischen Meisterwerk
des Filippo Brunelleschi*

VERLAG FREIES GEISTESLEBEN

*Dem Deutschen Kunsthistorischen Institut
in Florenz gewidmet, dessen herrliche Bibliothek
und dessen Gastfreundlichkeit
diese Studien zu Brunelleschis Kuppel
erst möglich machten.*

1. Auflage 2001

Überarbeitete Fassung des Kapitels «Die große Kuppel»
aus Thomas Krämers Werk
*Florenz und die Geburt der Individualität –
Ghiberti, Brunelleschi, Donatello, Masaccio*

Verlag Freies Geistesleben
Landhausstraße 81, 70190 Stuttgart
Internet. www. geistesleben.com

ISBN 3-7725-1963-6

Umschlag: Thomas Neuerer unter Verwendung eines Fotos
der Bildagentur Scala, Antella, Firenze
Druck: Offizin Ch. Scheufele, Stuttgart

INHALT

VORWORT

«Der Raum, die Raumgewinnung, ist die Ergänzung zur Ichgewinnung.
Das Mittelalter schaute noch die Welt; die Renaissance begann sie zu
sehen und entdeckte den Raum ...»[1]
Jean Gebser, 1986

Brunelleschis Bau der Florentiner Domkuppel ist unter dem von Gebser genannten Gesichtspunkt der Bewußtseinsentwicklung in der Renaissance ein
zentrales, besonders sprechendes Phänomen. Wie ein Fanfarenstoß kündigte er
die großen Raumlösungen im Kuppelbau des Abendlandes an, von Michelangelos Petersdom bis zu den zahllosen Kuppeln des Barock.

Im Rahmen umfangreicherer Studien zur Frührenaissance beschäftigte und
faszinierte mich in den achtziger Jahren Brunelleschis Kuppel Monate hindurch,
gleich, ob ich sie unter dem Blickwinkel der konstruktiven Genialität, der Ar-
beitsorganisation oder des unternehmerischen Muts betrachtete. Die Entdeckung, daß die vorhandene Literatur zum Thema viele der in mir wachgerufe-
nen Fragen offen ließ, bewog mich dazu, eine eigene Darstellung in Angriff zu
nehmen. Den erforderlichen Studien und Forschungen konnte ich mich im
Winter 1989/90 vor Ort widmen, und so entstand der Essay über die Kuppel als
zentrales Kapitel meines Buches *Florenz und die Geburt der Individualität –
Ghiberti, Brunelleschi, Donatello, Masaccio.* (1992).[2]

Seither hat sich bei vielen Vorträgen und Kursen gezeigt, daß Bedarf an einer
eigenen im Umfang begrenzten Kuppel-Monographie besteht.

Der Bau der Kuppel von Santa Maria del Fiore in Florenz ist – unabhängig
von allen Fragen der Bewußtseinsentwicklung – ein solcher Höhepunkt der
Architekturgeschichte und zugleich ästhetisch so zentral für das Erlebnis der
Stadt am Arno, daß es gerechtfertigt erscheint, das Brunelleschi-Kapitel ganz für
sich zu präsentieren.

Möge diese Ausgabe vielen Florenzreisenden helfen, Verständnis für die Konstruktion der Kuppel zu finden und staunende Bewunderung zu fühlen für den
Mut und die Willenskraft ihres Erbauers.

Heiligenberg am Bodensee im Herbst 2000 *Thomas Krämer*

EINLEITUNG

Chi mai si duro o si invido non lodasso Pippo architecto vedendo qui structura si grande, erta sopra e cieli, ampla da coprire chon sua ombra tucti e popoli toscani, facto sanza alcuno ajuto di travamenti o di copia di legname ... quale artificio certo, se io ben indicho, come a questi tempi era incredibile potersi cosi forse appresso gli antichi fu non saputo ne conosciuto.

Wer kann so hartköpfig sein und so neidisch, Pippo den Architekten nicht zu loben, wenn er dieses so große Bauwerk sieht, welches sich über die Himmelshöhen erhebt, weit genug, um mit seinem Schatten alle toskanischen Völker zu bedecken; errichtet ohne irgendeine Hilfe von Lehrbögen oder Mengen von hölzernen Gerüsten ... eine Kunst, die sicherlich, wenn ich recht urteile, bis auf unsere Zeiten unglaublich zu vollbringen schien, so, wie es vielleicht selbst die Architekten der Antike nicht konnten und ihnen bekannt war.[3]
Leon Battista Alberti, 1436

Eine noch kühl verschleierte, graue Morgenstunde. Der Zug erreicht Florenz. Der Reisende sucht durch das schon quirlige und laute Treiben des Bahnhofs die Gepäckaufbewahrung, um sich für einen ersten Gang in die Stadt vom Koffer zu befreien. Draußen erwacht gerade das Leben in den Gassen und Straßen, zögernd und verhalten noch, aber schon mit all den bestimmten und heftigen Geräuschen, die man an einer italienischen Stadt liebt oder erleidet. Die ersten Schritte zwischen Taxis hindurch auf den Platz; drüben das braune Gemäuer, der schlanke Turm von S. Maria Novella. Da trifft, über Häusermassen und Straßenschluchten, der Blick auf jenes Gebilde, das so beherrschend, so klar in seiner Kontur und doch so zauberisch wie eine Fata Morgana die Stadtsilhouette überragt: die Kuppel. Nah scheint sie und doch unerreichbar. Überwältigend groß und doch faßbar. Farbig schön gegen den sich eben erhellenden Morgenhimmel, und doch mathematisch kühl, bewußtseinsklar und bewußtseinsstark, als bündele sie mit ihren Marmorrippen täglich neu die tausendfachen intellektuellen Kräfte und Empfindungen der Menschen dieser Stadt im weißstrahlenden Brennpunkt der Laterne.

9

Abb. 1: Der Dom von Florenz vom Forte di Belvedere aus. Man erkennt im Vordergrund rechts die Uffizien, darüber den Palazzo Vecchio, ganz links in der Bildmitte das Dach des Baptisteriums und Orsanmichele vor dem Giotto-Turm.

Unser Schritt hat nun ein Ziel, und unser Blick kann sich immer wieder an der Kuppel orientieren: Wo immer wir gehen, wir werden durch das reine Rot-Weiß und den mächtig-bestimmten Umriß auf das Zentrum von Florenz gerichtet, wie eine Kompaßnadel auf den Magnetpol. Ob wir direkt unter dem Dom stehen, die Kuppel wie ein Gebirge über uns, oder ein anderes Mal sie am späten Nachmittag von Settignano aus als dunkle, scharf geschnittene Silhouette vor der sanften Linie der toskanischen Hügel jenseits sehen – sie erstaunt uns als ästhetisches Phänomen ebenso, wie sie als absoluter Mittelpunkt dieser wachen Stadtgemeinschaft unsere Empfindungen beherrscht.

Haben wir aber, selbst wenn wir eines Tages bis zur Laterne emporgestiegen sind, um den Blick über die Stadt zu genießen, das «eigentliche Phänomen» dieses erstaunlichen Bauwerkes wahrnehmen können? Das ästhetische –

Abb. 2: «Il Cupolone» – die große Kuppel: Man erkennt deutlich, wie die von Halbkuppeln überwölbten Apsiden noch gotische Stützpfeiler und Fenster haben und wie der Tambour mit den Rundfenstern die Kuppel über die Stadt hinaushebt.

Abb. 3: Blick von San Miniato auf Florenz.

vielleicht! Wenn auch eher träumend, denn so wie wir die Kuppel aus den Gassen und von den Plätzen her sehen, ist sie unserem vollbewußten Verständnis zunächst einmal entrückt. Zwar scheint sie nah, ist aber doch königlich über uns erhoben. Welche technischen und statischen Voraussetzungen die Form mitbestimmten, wie die architektonische Form der Konstruktion abgerungen ist, welchen ungeheuren Mutes es bedurfte, sie so zu bauen, bleibt uns verborgen.

Das eigentliche Phänomen lernen wir erst kennen, wenn wir aktiv denkend ihren Bau nachvollziehen, wenn wir ein gutes Stück in ihre konstruktiven, ihre bautechnischen und statischen Probleme und Lösungen eindringen, die dramatische Auseinandersetzung um Planung und Bau verfolgen; aber auch den Gang um den Dom und durch die Kuppel hinauf mit wachem Sinn antreten. An

Abb. 4: Die Domkuppel, gesehen aus der halben Höhe des Giotto-Turms. Man erkennt die «Renaissance-Kapelle» Brunelleschis auf dem massiven Stützpfeiler, wo während der Bauzeit der Kuppel eine Materialplattform war; ebenso die Steinbalkenköpfe der Ringankerschwellen am Fuß der Kuppel.

Abb. 5: Blick auf die Kuppel von San Miniato aus. Die Aufnahme zeigt das «plastische Volumen» der Kuppel und die «Spannung» im Bogen der Marmorrippen.

dieser Stelle stoßen wir aber unerwartet auf Schwierigkeiten. Ein Gemälde oder eine Skulptur können sich dem unbefangenen Blick auch ohne umfangreiche Kenntnis kunstgeschichtlicher Hintergründe erschließen. Natürlich werden wir auch bei einem Bild im Laufe der Jahre die Erlebnisse vertiefen, indem wir die Persönlichkeit des Künstlers durch seine Biographie kennenlernen und die Entwicklung verstehen, die zu dem Kunstwerk führte. Ein Bauwerk ist aber eine viel umfassendere Wirklichkeit. Es ist einerseits materieller, weil es ohne genaueste Beachtung der physikalischen Gesetze bis in die Fundamente hinein, der konstruktiven Möglichkeiten, der Eigenart der Baustoffe, der durch Jahrhunderte entwickelten Arbeitstechniken nicht denkbar ist; anderseits aber auch sozialer, weil immer außer dem Architekten ein großer Kreis von Menschen mit seiner Entstehung unabdingbar verbunden ist – im Falle unserer Kathedrale, die reinster Ausdruck der Geistigkeit ihrer Stadt und ihrer Zeit ist, sogar ein «Volk» mit

Abb. 6: Die Laterne der Domkuppel. Sie wurde nach dem Tod Brunelleschis nach dessen Modell aus Marmor erbaut.

Abb. 7: Blick auf die Kuppel aus der Via dell' Oriuolo. An der Südostseite erkennt man die Marmorgalerie des Baccio d'Agnolo von 1508-1515, von Michelangelo angeblich «Grillenkäfig» genannt.

seiner Wirtschaftskraft, seinem Mut, seinem Schönheitssinn und seinem Erfindergeist – il popolo toscano, wie es Alberti, über Florenz hinausblickend, vor Augen stand.

Wenn wir nun als «ernsthaft interessierte Laien» unseren neuen Führer aufschlagen, der treu und klar aufzählt, was die Kunststadt Florenz zu bieten hat, erfahren wir, «daß die Kuppelkonstruktion nicht ohne weiteres verständlich ist und selbst Forschern unserer Zeit Schwierigkeiten bereitet».[4] Die Schwierigkei-

*Abb. 8: Blick aus der Via dello Studio. Selbst aus nächster
Nähe und bei steilstem Blickwinkel erkennt man noch die
Laterne.*

ten, denen sich Brunelleschi gegenübersah, und wie er sie bewältigte, erhellt uns
das Reisehandbuch nicht. Ziehen wir dann neuere Kunstgeschichten und Monographien zu Rate, so wachsen unser Erstaunen und unsere Enttäuschung
gleichermaßen. Denn da besteht unter Fachleuten kein Zweifel, daß die Kuppel
ein zentrales Werk des schöpferischen Genius ist, der die Architektur der Renaissance schuf; « ... and thus the dome of Florence cathedral remains, actually
and symbolically, the first work of the new style!»[5] Sie wird aber fast ausschließ-

lich als formale Frage unter dem Gesichtspunkt abgehandelt, ob sie noch als gotisches Rippengewölbe oder aber als schon im Renaissance-Stil erbaut zu gelten habe. Die Historiker scheinen im allgemeinen nicht geschult, den sehr komplizierten statisch-konstruktiven Organismus der Kuppel bis in das Material hinein zu verstehen, was zu verkürzten Urteilen über das Bauverfahren und die statische Funktion der einzelnen Bauglieder führen muß. Die Statiker und Ingenieure mit ihrer detaillierten Einzelerkenntnis wiederum haben es schwer, die historische Dimension des Bauwerks ins Auge zu fassen und es in größere Zusammenhänge zu stellen.[6]

Die Suche führt schließlich zu Cornel von Fabriczy, dessen heute noch gültige Brunelleschi-Monographie von 1892[7] zum erstenmal ein anfängliches Verständnis der Kuppelkonstruktion vermittelt, in dessen Werk aber Zeichnungen und Schnitte fehlen; und dann zu dem erstaunlichen Ergebnis, daß seit Fabriczy keine eigenständige, umfassende Darstellung des Kuppelbaus in deutscher Sprache verfaßt wurde.

Bei den mangelhaften Untersuchungen des vorigen Jahrhunderts kann unsere Erkenntnis aber nicht stehenbleiben. Der lange Weg durch kunsthistorische Abhandlungen und Monographien führt zu der Einsicht, daß erst seit etwa zwanzig Jahren (mit Sanpaolesi schon etwas früher) die konstruktiven und statischen Fragen dieser erstaunlichen Architektur wieder Gegenstand der Forschung sind, nun allerdings mit einer deutlichen Neigung zu Spezialthemen (fotogrammetrische Kurvenanalysen und so weiter), hinter denen das Bauwerk als eine Ganzheit dem Blick zu entschwinden droht. Auf der einen Seite sind es die Fachleute der architektonischen Fakultät in Florenz, die die Kuppel vor Augen haben und sie vor allem deshalb untersuchen müssen, weil sie durch Risse und äußere Einflüsse gefährdet ist; auf der anderen Seite ist es ein sehr fähiger amerikanischer Kunsthistoriker, Howard Saalman (mit seinem Schüler Rowland Mainstone), der der Kuppel fünfzehn Jahre intensiver Forschung vor Ort gewidmet hat. Saalmans außerordentlich wertvolle Arbeit[8] öffnet, zusammen mit verschiedenen italienischen Studien zu Teilaspekten, den entscheidenden Zugang zu Brunelleschis Kuppel. Aber sogar Saalmans klare, bündige, vor allem historische Analyse hinterläßt den Eindruck, daß dieses architektonische Gebilde auch heute noch ein «offenbares Geheimnis» ist: jedem vor Augen, selbst für die Spezialisten jedoch voller Rätsel. Die entscheidenden Fakten sind

Abb. 9: Blick von der Südostecke des Domplatzes. Eindrucksvoll türmt sich das «Gebirge» des Ost-Abschlusses von S. Maria del Fiore über 100 m empor; rechts die Ost-, links die Südapside mit ihrem Kapellenkranz, in der Mitte ein massiver Pfeiler.

erforscht; doch das Verständnis für dieses «Lebewesen» und die eigentliche Bedeutung der schöpferischen Tat Brunelleschis fehlt. Bevor wir aber selbst zu einer vertieften Begegnung und einem Urteil kommen können, müssen wir geduldig «lange Wege» gehen, denn mit einer raschen Skizze, mit ein paar kurzen Gedanken, ist Filippos cupolone nicht zu umreißen. Unter vier verschiedenen Gesichtspunkten wollen wir versuchen, uns einem Verständnis zu nähern:

- Die Geschichte von Santa Maria del Fiore in Florenz als Vorgeschichte des Kuppelbaus
- Die architektonischen Vorbilder – Die Bedingungen von 1417 – Die Probleme
- Brunelleschis organische Architektur. Eine Baubeschreibung
- Das Wagnis der Form

Diese Betrachtung versteht sich indessen nicht als wissenschaftliche Untersuchung im üblichen Sinne, sondern als der Versuch, durch ein vertieftes Verständnis eine Brücke zum künstlerischen Erlebnis der Kuppel zu bauen. Es gilt also – unter Wahrung größtmöglicher Genauigkeit und Vorsicht sowohl den gesicherten als auch den zu vermutenden Tatbeständen gegenüber – ein Bild zu zeichnen, das dieser Aufgabe gerecht wird und doch auch für den Laien verständlich bleibt. Auf viele allzu spezielle Einzelheiten, Maße oder Belege wurde ebenso verzichtet wie auf die wissenschaftliche Auseinandersetzung mit der Geschichte der Kuppel oder mit besonderen Theorien über sie. Die nötigen Belege oder eine Bibliographie wird der gründlicher Fragende vor allem bei Saalman finden.

Die Geschichte
von Santa Maria del Fiore in Florenz
als Vorgeschichte des Kuppelbaus

*Bauherr des Florentiner Domes ist das Volk von Florenz. Der Dombau wie
der Bau der Stadtmauern war eine Angelegenheit aller. Wie diese ein
Zeichen äußerer Freiheit, so ist der Dom ein Denkmal innerer Kraft und
Größe. Der Dombau war für jede mittelalterliche Stadt Ehrensache. «Zur
Ehre der Gemeinde und des Volkes von Florenz» sollte durch Arnolfo ein
Bau «von so hoher und übermäßiger Pracht entstehen, daß Größeres und
Schöneres durch den Fleiß und die Künste der Menschen nicht zu errei-
chen sei». Im Dombau trafen sich religiöse Begeisterung und staatliches
Repräsentationsbedürfnis. Der Staat, die Zünfte, vor allem die reiche
Wollwebergenossenschaft, und das Volk hatten die Mittel aufzubringen. Es
wurden verschiedene Steuern ausgeschrieben. An allen Geschäften hingen
Büchsen für das «Gottesgeld». Alle gaben, aber alle wollten auch ihren
Anteil an der Plangestaltung haben. Über die Form jedes Bauteiles muß-
ten neugewählte Kommissionen entscheiden. Über die Form der Fenster
oder der Pilaster stritt man sich auf den Straßen. Die Frage, ob man die
Kuppel ohne Gerüst wölben könne oder nicht, hielt die Stadt jahrelang in
Atem. Die Marienverehrung gab dem Bau einen besonderen Antrieb. Der
Stadt Dantes war Maria im besonderen Maße eine Patronin. Der ganze
Bau ist ein einziges Denkmal der Maria zur Blume. Das Volk liebte es, in
seiner Kathedrale ein Weihegeschenk für die Himmelskönigin zu sehen.[9]
Wolfgang Braunfels, 1938*

1294

Der Neubau der alten, baufälligen und der Größe der Stadt nicht mehr ange-
messenen romanischen Domkirche Santa Reparata wird beschlossen und unter
Leitung Arnolfo di Cambios (1232-1302) begonnen, der als «capudmagister»
1300 in den Urkunden erscheint. Arnolfo, ein Schüler Nicola Pisanos, begann in

Florenz auch S. Croce und den Palazzo Vecchio. Die Grundsteinlegung erfolgt am 8. September 1296. Ein Mariendom im Stile der italienischen Gotik soll an die Stelle der alten Kirche treten. Um S. Reparata, die noch Jahrzehnte weiterbesteht und dem Kultus dient, führt man die Westfassade und erste Teile der Seitenschiffwände empor. Arnolfos Entwurf sah offensichtlich ein Gebäude von der Breite des heutigen vor (38 m). Doch alle Hypothesen der letzten hundert Jahre, die von einem die endgültige Größe, den Ostbereich und die Kuppel festlegenden Plan oder Modell Arnolfos sprechen, sind urkundlich nicht belegbar. Arnolfo kann begonnen haben, ohne seinen Nachfolgern eine bis ins letzte umrissene Konzeption zu hinterlassen, das entspräche durchaus mittelalterlicher Gepflogenheit bei solchen Projekten. Dennoch ist es möglich, daß schon Arnolfo und dann seinen Nachfolgern eine sehr große Kirche mit Vierungsoktogon und Kuppel vorschwebte.

1331

Die reiche und mächtige Zunft der Wollweber, Arte della Lana, übernimmt die wirtschaftliche und organisatorische Verantwortung für den Bau.

1334

Giotto wird Dom- und Stadtbaumeister. Das ist erstaunlich, weil er «nur» ein Maler ist. Er setzt den Dombau nicht fort, sondern beginnt neben diesem einen neuen, mächtigen Campanile zu errichten, der, mit gotischer, durchbrochener Spitze, 122 m Höhe erreichen sollte! Bei seinem Tode 1337 ist nur das unterste Geschoß vollendet. Verschiedene Veränderungen seiner Nachfolger modifizieren die Form sowie die Höhe auf 84 m.

1346

Das englische Königshaus wird wegen der enormen Kosten des Hundertjährigen Krieges zahlungsunfähig. Folge ist der Bankrott seiner Finanziers, der bedeutendsten Florentiner Bankhäuser Bardi und Peruzzi, mit verheerenden Konsequenzen für das gesamte Geschäftsleben der Stadt.[10]

S. Maria del Fiore – Grundrisse

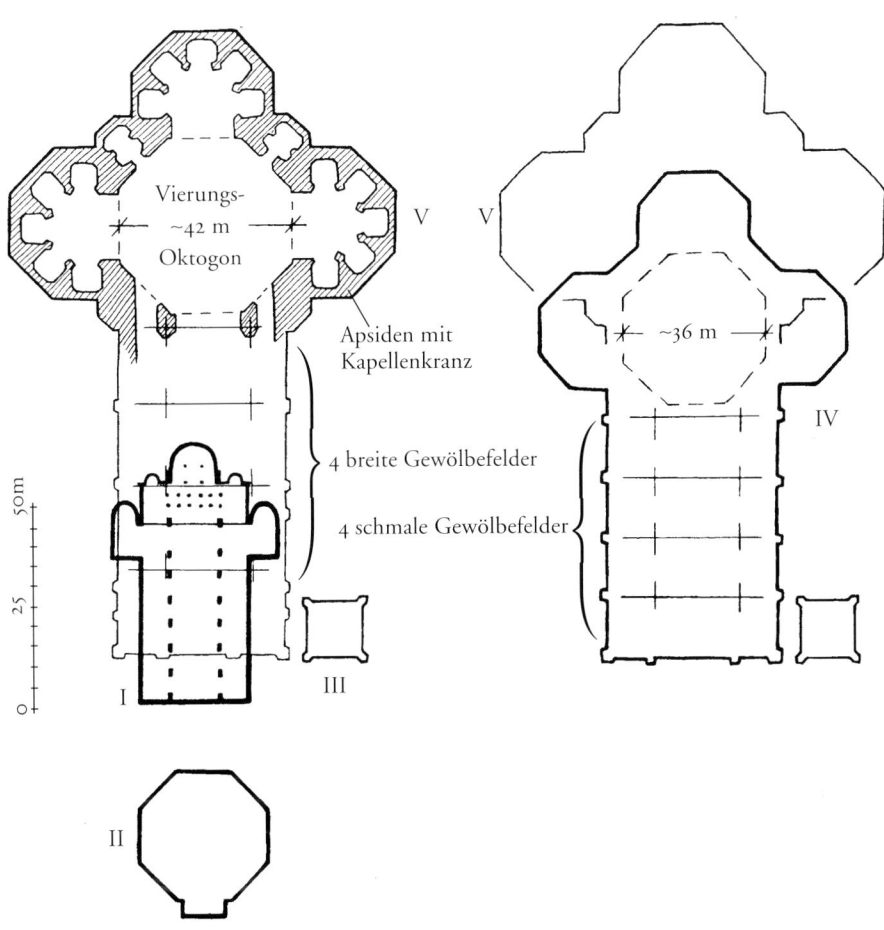

I   Die ehemalige romanische Basilika S. Reparata
II Das Baptisterium San Giovanni
III Der Campanile – «Giotto-Turm»
IV Vermutliche Planung Arnolfo di Cambios ab 1296
V   Die «große Lösung» der Neri-Kommission ab 1367

1348

Nach der wirtschaftlichen Katastrophe bricht die Pest aus. Weniger als die Hälfte der 110.000 Bewohner dieser großen Stadt überleben. Beide Ereignisse dürften auch die Arbeiten am Großprojekt Dom zum Erliegen gebracht haben. Doch Florenz erholt sich überraschend schnell und wendet sich dem Bau wieder zu – anders als Siena, dessen gigantische Domerweiterung nach der Pest eine heute noch eindrucksvolle Bauruine blieb.

1353

Francesco Talenti wird als «principalis magister» in den Urkunden genannt. Der Baumeister Neri di Fioravante hat gerade das große Gewölbe über dem Hauptsaal des Bargello geschlossen und liefert als Unternehmer Marmor für den Wandschmuck des Campanile.

1355

Während alle Anstrengungen sich darauf konzentrieren, die Arbeiten am Turm voranzutreiben, dürften am Dom selbst erst der untere Teil der Fassade und bescheidene Teile der äußeren Langschiffwände fertig sein, manches davon schon mit Marmor inkrustiert, anderes in rohem Mauerwerk. S. Reparata steht noch!

29. Mai: In Dokumenten der Opera taucht der Dom selbst wieder auf. Drei Probleme bedürfen offenbar der Klärung: die künftige Größe der Kirche, die Form des Ost-Abschlusses (Chor, Apsiden) und die Frage, wie man – wenn neue, größere, dem gewandelten Geschmack entsprechende Gewölbefelder im Langschiff gebaut werden (Arnolfo hatte schmale, rechteckige angelegt) – mit den vorhandenen Mauerteilen und ihren «altertümlichen» arnolfianischen Fenstern verfahren solle. Talenti wird beauftragt, zur Klärung dieser Fragen ein Modell zu fertigen. Sollte je ein Arnolfo-Plan bestanden haben, so wäre er zu diesem Zeitpunkt als nicht mehr angemessen erachtet worden. Zur Diskussion steht offenbar eine formal großzügigere Konzeption. In diesen Besprechungen scheinen aber Umfang und endgültiges Aussehen – folgt man späteren Dokumenten – noch nicht festgelegt worden zu sein.

1357

Die Arbeit am Dom selbst wird nun mit neuer Kraft aufgegriffen.

13. Juni: Ein Rat von Bauexperten tritt zusammen: acht Mönche der in großem Stil bauenden Orden der Franziskaner, Dominikaner, Augustiner; dazu acht weltliche Meister.

18. Juni: Die Operai (die Bauverantwortlichen der Zunft), Talenti und die beratenden Meister treten zu entscheidenden Besprechungen zusammen. Ein Langhaus mit drei großen Gewölbefeldern, quadratisch im Mittelschiff, wird beschlossen. Größe und Maße der Kirche werden festgelegt. Anschließend werden diese Maße vermutlich auf der Baustelle ausgemessen und fixiert. Unmittelbar danach beginnt das Ausschachten für die Fundamente zusätzlicher Stützpfeiler für die zwei ersten Gewölbefelder.

19. Juni: In einem Dokument der Opera wird zum erstenmal eine «Chupola» erwähnt – aber so beiläufig, daß man vermuten muß, die Idee der Kuppel sei alt und vertraut.

26. Oktober: Giovanni di Lapo Ghini wird zweiter Capomaestro.

13. November: Der Beschluß wird gefaßt, die vorhandenen arnolfianischen Langhausmauern in das neue Konzept zu integrieren, was zu den vier blinden Fenstern im Bereich der zwei ersten Joche führt.

1359

10. Januar: Beschluß, das erste große Gewölbefeld über Haupt- und Seitenschiffen zu schließen. S. Reparata wird Stück für Stück abgerissen, um Raum für den großen Bau zu schaffen. Aber erst

1364/65

kommt es zur Einwölbung des ersten Joches im Langhaus. Die Führung geht von Talenti, der eher Bildhauer war, auf Ghini über; dieser scheint der schwierigen konstruktiven Aufgabe besser gewachsen zu sein. In regelmäßigen Abständen versammelt sich der Rat weltlicher und geistlicher Meister, um Ghinis Entscheidungen zu überprüfen. Neri di Fioravante gehört zu den Führern dieser Gruppe.

1366

Die Beschlüsse von 1357 hatten zwar zu einer großzügigeren Form des Langhauses und der äußeren Wandaufteilung (nur ein großes Fenster pro Joch) geführt, aber die komplexe Frage des Ostabschlusses – welche Maße und Form das Vierungsoktogon und die Kuppel erhalten sollten – offenbar nicht gelöst. Die Arbeit an den zwei ersten großen Gewölbefeldern ist so weit abgeschlossen, daß die Ausschachtung, Fundierung und Mauerung des dritten Paares der Mittelschiff-Pfeiler ansteht. Sollen sie, wie bis zu diesem Zeitpunkt geplant, zugleich die westlichen Pfeiler des Oktogons werden und die Kuppel tragen, so bedarf es nicht nur ganz anderer Dimensionen in Fundament und Aufbau; ihre Maße lassen sich überhaupt erst bestimmen, wenn über die künftig auf ihnen ruhende Last – das heißt die Kuppel – entschieden ist. Einen zeitlichen Aufschub in dieser Frage würde der Beschluß gewähren, das Kirchenschiff um ein viertes Joch zu verlängern. Die offenen Fragen und die möglichen Konsequenzen drängen so sehr, daß Ghini ein gemauertes Modell («una chiesa pichola») gefertigt hat, das als sichtbarer Lösungsvorschlag offenbar Anstoß zu der fast eineinhalb Jahre dauernden, heftigen und mit den verschiedensten Gremien geführten Auseinandersetzung wird, über die, beginnend vom 12. Juli 1366 bis zum endgültigen Abschluß am 19. November 1367, die Bücher der Domopera protokollarisch berichten. Die keineswegs immer klaren oder vollständigen Aufzeichnungen lassen folgende Deutung zu:

Alle Beteiligten sind sich über die «Generallinie» einig, daß S. Maria del Fiore eine Kirche werden müsse, «piu bella e onorevole ... che niuno altro disengno che abino veduto ... e piu mangnifica» – also schöner und großartiger als jede andere vergleichbare Kathedrale. Giovanni di Lapo Ghini, der vorsichtige und bauerfahrene Capomaestro, vertritt aber eine Lösung, die ihm statisch und konstruktiv noch sicher und verantwortbar erscheint. Ihm steht gegenüber eine Künstlergruppe von acht bedeutenden Malern und Baumeistern unter Führung des schon genannten Neri di Fioravante; unter den Malern sind so angesehene Namen wie Orcagna, Taddeo Gaddi und Andrea Bonaiuti. Ghini vertritt vermutlich das 1357 beschlossene Projekt mit einem Oktogon von geringeren Ausmaßen und einer achtseitigen Kuppel – aber ohne Tambour! Den von den Operai zur Beratung herangezogenen Meistern unter Neri schwebt dagegen eine deutlich größere, ja großartige Lösung vor: anschließend an ein viertes Gewölbefeld ein gewaltiges Vierungs-Oktogon mit einem Tambour und der Kuppel. Daß der entscheidende Punkt nicht allein der erweiterte Durchmesser des Oktogons ist, sondern die Einführung eines Tambours, der die Kuppel herrlich

Abb. 10: Andrea Bonaiuti: Der Florentiner Dom, wie er vermutlich 1367 geplant war. Aus einem Fresko der Spanier-Kapelle des Klosters von S. Maria Novella.

über die Stadt erheben, aber zugleich unkalkulierbare konstruktive Risiken mit sich bringen würde, wird in den Domakten allerdings nicht ausdrücklich gesagt.[11] Über die Anlage der drei an die Vierung anschließenden Tribünen (Apsiden) mit ihren je fünf Kapellen scheint im wesentlichen Einigkeit zu bestehen. Fraglich ist nur, wie dieser Komplex mit dem Langschiff verbunden werden soll. Die heute verwirklichte Form – nämlich ein Durchgang von den beiden Seitenschiffen durch die Riesenpfeiler in die Vierung – zeigt deutlich einen kritischen Punkt der damaligen Diskussion: Wie konnte man das machen, ohne die Pfeiler zu schwächen? Daß Neris Gruppe auch in weniger brisanten Formfragen auf «modernere» Lösungen drängt, zeigt die Auseinandersetzung, ob die Fenster im Langschiff-Obergaden gotische Spitzbogen sein sollen oder toskanische «oculi». Die «nationale Version» der Rundfenster setzt sich durch.

Vergleicht man die gedrückte Form des Domes, wie ihn Bonaiuti 1366 in dem

Fresko der Spanier-Kapelle von S. Maria Novella gemalt hat – worin sich mit einiger Sicherheit die damals noch gültige Planung von 1357 und damit auch Ghinis Vorschlag spiegelt –, mit der heute verwirklichten Lösung «Riesenkuppel mit Tambour über großem Oktogon», so weiß man Neris schöpferische architektonische Vision erst ganz zu würdigen. Damals war es tatsächlich eine Vision, denn Ghinis im Durchmesser bescheidenere und ohne Tambour niedrigere Kuppel (immer noch riesig für damalige Bautechnik bei einem Durchmesser von ca. 36 m!) wies große konstruktive Vorzüge auf. Sie war wohl gerade noch einrüstbar mit einem inneren Standgerüst und Lehrbögen; der von der Kuppel zu erwartende Seitenschub konnte zum Teil außen von den drei Apsiden mit ihren Stützwänden und den zwischen ihnen liegenden vier großen Pfeilern abgefangen werden; die Fundierung und Dimensionierung der Vierungspfeiler selbst war eher kalkulierbar, erlaubte größere Hohlräume für Kapellen, Sakristeien, Treppen. Der Entwurf von Neris Gruppe brachte dagegen unabsehbare statische Risiken mit sich: Die Pfeiler des Oktogons mußten gewaltig werden (auf ihnen ruhen heute die ca. 9.000 Tonnen des Tambours und die über 20.000 der Kuppel); die Ableitung des Kuppel-Seitenschubs allein in den Wänden des nur etwa 4,50 m starken Tambours, ohne die Hilfe gotischer Strebepfeiler, war ein nie vorher gelöstes Problem, ebenso die Errichtung der Kuppel über einem gigantischen Lehrgerüst – eine andere Methode war noch nicht geboren!

Haben wir die Auseinandersetzung bis zu diesem Punkt verfolgt – soweit es uns die in den entscheidenden inneren Motiven so schweigsamen Rechnungsbücher der Domopera erlauben –, taucht fast unabweisbar die Frage auf: Bewegte diese Menschengruppe wirklich nur der vielleicht allzu ehrgeizige Wunsch, diesen Dom «größer und schöner» als alles Bisherige zu machen? Stand das, was man erstrebte, in einem Verhältnis zum Risiko, das man einging? Wir kommen mit unserem Verständnis erst eine Schicht tiefer, wenn wir auch die Maßbezüge betrachten, in die sich der zukünftige Dom stellen sollte:

«Noch einen weiteren Vorzug muß das Modell der Meister besessen haben. Es verfügte über die besseren Maßzahlen. Man darf sogar annehmen, daß es diese Zahlen waren, die die Behörde in erster Linie von den Vorzügen des Projektes überzeugt haben … Der Kuppelraum sollte 72 Ellen breit sein, die Kapellen bis zum Gewölbeschluß 72 Ellen hoch, die Kuppel selbst vom Boden bis zur Spitze des Gewölbes aber 144, genau das Doppelte. Messungen erweisen, daß 17 Ellen für den Tambour und schon damals 55 Ellen für die Kuppel ohne die Laterne vorgesehen waren. Diese Zahlen aber waren im Mittelalter berühmt und jedem Baukundigen durch ihre mannigfaltigen Vorteile bekannt. Betrachten wir zunächst die Zahl 72. Sie kennzeichnet die Breite des Achtecks (Durchmesser

Die Baumaße der Kuppel

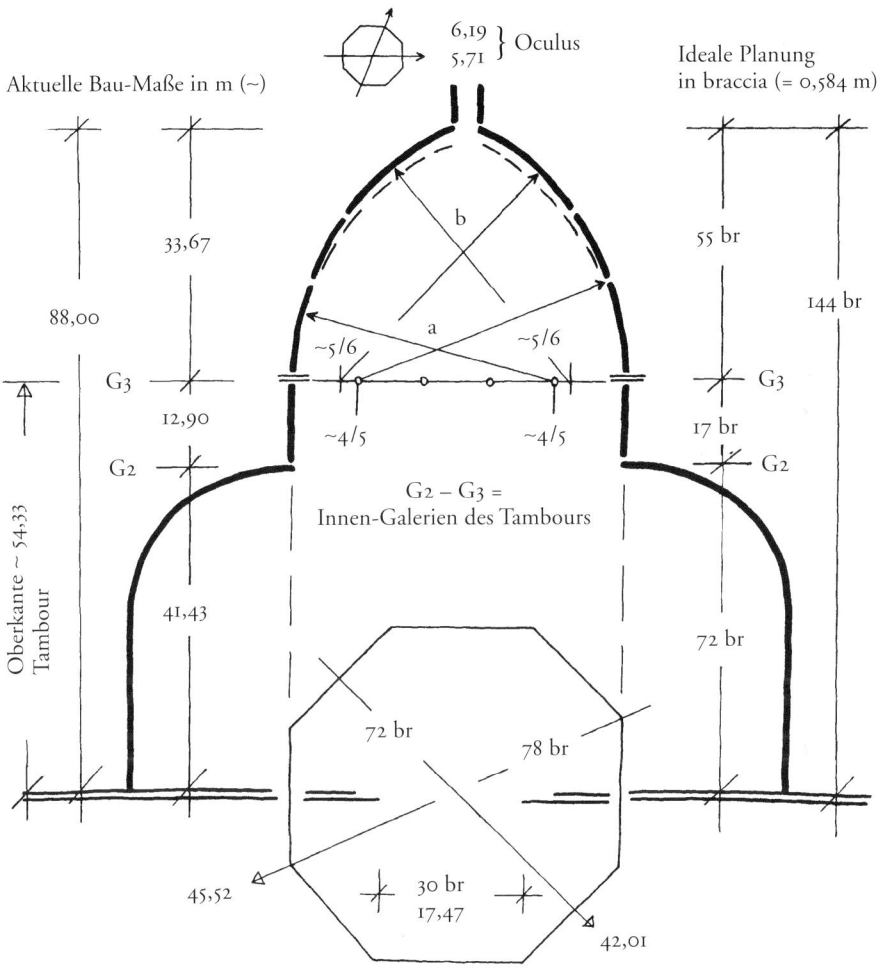

a. Kurven-Radius im unteren Drittel = ~ 4/5 der Kuppel-Diagonale = ~ 36,40
b. Kurven-Radius im oberen Drittel = ~ 5/6 der Kuppel-Diagonale = ~ 37,50

des eingeschriebenen Kreises); ihr entspricht die Strecke von 78 Ellen zwischen zwei sich gegenüberliegenden Ecken (Durchmesser des umschriebenen Kreises). Bekanntlich konnten und wollten mittelalterliche Baumeister nur mit geraden Zahlen rechnen. Das kleinste Achteck mit geraden Größen wäre jenes von 12 Ellen Breite und 13 Ellen Durchmesser ... Jedes größere Achteck mußte ein Mehrfaches dieser Zahlen umfassen. Verglichen mit dem ausgewählten von der sechsfachen Größe, wäre das nächstkleinere von 60 zu 65 schon für das bestehende Langhaus zu schmal, das nächstgrößere von 84 zu 95 Ellen unrealistisch groß. Man mußte sich also zwangsläufig für das dazwischenliegende entscheiden. Diese Lösung brachte zudem noch den Vorzug, daß nur bei ihr die acht Seiten des Oktogons die runde Ziffer von je 30 Ellen in ihrer Länge messen, während alle kleineren Oktogone mit ungeraden Zahlen sich hätten abfinden müssen. Auch werden sich die Florentiner Meister bewußt gewesen sein, daß sie mit dieser Größe das Pantheon in Rom erreichten. Das Oktogon mißt etwas weniger an den Seiten und etwas mehr an den Ecken. Erleichtert wurde die Entscheidung durch die Vorteile, die die Zahl 72 selbst den Bauleuten brachte. Man muß sich bewußt machen, daß sie für die Höhe der Chortribünen wiederkehrt und daß die Gesamtkuppel im Inneren genau doppelt so hoch gestaltet werden sollte, also 144 Ellen. Damit würden Kuppel, Tambour und Vierungsraum in Bezug zu zwei übereinandergestellten Quadraten über 72 Ellen treten. Für das Zeitalter, das noch im Duodezimalsystem dachte, besaß die 144 die gleiche klassische Vollkommenheit wie für uns die 100.»[12]

Braunfels erwähnt nicht, daß auch das Langschiff in diesem Maßbezug 144 Ellen erreichte. Er nennt zudem eine andere Wirklichkeit nicht, die über die ästhetische und praktische Dimension geometrisch idealer Zahlen hinausführt. Den Menschen des Mittelalters war der Gedanke vertraut, daß Zahlen etwas Wesenhaftes sind, Wesenheiten mit einer geistigen Kraft. Aus den Zahlenverhältnissen des Makrokosmos heraus wurde die Erde mit ihren Gesetzen, wurde der Mikrokosmos Mensch geschaffen. Sich mit den richtigen Zahlen verbinden heißt, sich richtig in das Ganze des Kosmos einfügen. Steiner weist an verschiedenen Stellen seines Vortragswerkes auf diese Zusammenhänge und ihre Bedeutung für Sakralbauten hin.[13] Erst wenn wir solche Hinweise ernst nehmen, können wir verstehen, was mit diesem Bau über die Größe und Schönheit hinaus noch beabsichtigt war und was wohl tatsächlich die Menschen, die über die Planungen zu entscheiden hatten, am Ende über den Schatten ihrer berechtigten Ängste springen ließ. «Außer den geometrischen Überlegungen gab es eine symbolische Absicht, zumindest bei der Wahl der Höhe. Gemäß der Apokalypse des Johannes (21,17) haben die Mauern, die die himmlische Stadt Jerusalem umgürten, eine Höhe von 144 Ellen. Das ist der Grund dafür, daß man dieses Maß in wenigstens dreizehn frühchristlichen und byzantinischen Kirchen findet ... Der Kapellenkranz um das Oktogon bildet ein weiteres Symbol: das der Muschel, ein Schmuck des Tempels von Jerusalem.»[14] Die heutige Zahl 144, 12 mal 12, verband das Bauwerk mit der vergangenen und der künftigen Ordnung des Himmels; sie fügte den einzelnen Menschen, der mit der Elle das Menschenmaß für den Bau abgab, in der richtigen Weise in diesen Kosmos ein. Wollte man die Höhe von 144 Ellen erreichen, so war ein Tambour notwendig. Die endgültige Entscheidung für den «großen Bau» gegen alle Einwände der praktischen Vernunft wird nur in solchem Zusammenhang verständlich.

Vier entscheidende Daten aus der weiteren Auseinandersetzung um Ghinis und Neris Entwürfe:

1366

13. August: Die Konferenz aus Capomaestri, Operai, dem Komitee der acht Maler und Baumeister und den Verantwortlichen der Signoria entscheidet sich nach langen Auseinandersetzungen für die «große Lösung». Damit war Zeit gewonnen, das dritte Pfeilerpaar im Langschiff zu bauen, das Gewölbe über dem dritten Feld einzurüsten und die Fundamente für die Riesenpfeiler des Oktogons auszuheben.

1367

9. August: Nach neuen heftigen Kontroversen um die technische Durchführbarkeit versuchen Operai, Capomaestri und die Künstler um Neri die Frage endgültig zu lösen, wie groß das Oktogon werden müsse, wie stark seine Pfeiler und wie das Ganze an die bestehende Kirche anzuschließen sei. Ghini stimmt der Gestalt von Neris Projekt zu, hält es aber für technisch nicht durchführbar. Dennoch kommt es zu dem Beschluß, Neris Plan mit verschiedenen Modifikationen zu verwirklichen – wir sehen ihn in der heutigen Kathedrale vor uns.

25. Oktober - 19. November: In einem ganz Florenz einbeziehenden Referendum werden die bis dahin konkurrierenden Zeichnungen und Modelle zur öffentlichen Diskussion gestellt – eine für uns heute unfaßliche Volksbefragung! Der Dom ist im besten Sinne «res publica». Viele hundert Bürger aus allen

vornehmen Familien (darunter auch Brunelleschis Vater) tragen sich in die Listen ein und stimmen dem Projekt der Künstler zu. Am 19. November beschließen die Operai, daß deren Pläne zu verwirklichen seien und alle anderen Zeichnungen und Modelle zu vernichten.

1368

15. Dezember: Das gesamte Projekt wird noch einmal von der Arte della Lana bestätigt; zudem wird beschlossen, daß alle künftigen Zunftoberen und Bauleiter durch Schwur auf das beschlossene Modell zu verpflichten seien. Bis nach 1420 wurde dieser Eid von allen Meistern geleistet. Diesen Beschlüssen folgen nun fünfzig Jahre intensiver Bautätigkeit ohne weitere Diskussionen über grundsätzliche Fragen.

1377 - 84

Das vierte Gewölbefeld wird vollendet, die Fundamente für die Oktogon-Pfeiler werden gelegt.

1384 - 1401

Lorenzo di Filippo ist Capomaestro. Die Pfeiler des Oktogons werden errichtet, ihre Riesenbögen gewölbt. Der Kapellen-Kranz um die drei Apsiden wird geschlossen.

1401 - 18

Unter Giovanni d'Ambrogios Leitung werden die drei großen Apsiden eingewölbt und der Tambour errichtet. 1410-13 werden seine Rundfenster gemauert. Zwei deutlich dokumentierte Details in dieser Zeitspanne verdienen Aufmerksamkeit:

– 1404: Eine Gruppe von Fachleuten, darunter Ghiberti und der siebenundzwanzigjährige Brunelleschi, soll Giovanni beraten, der einen der Wandpfeiler, die die Apsiden-Kuppeln stützen, zu hoch geführt hat, «über das nötige und richtige Maß hinaus». Die als gotische Stütze gedachte Wand wird zum Teil wieder abgebrochen. Auch die zu altertümliche Form der gotischen Fenster an den Apsiden wird korrigiert. 1409 sind Ghiberti und Brunelleschi noch mit Zeichnungen dafür beschäftigt.

– 1406 und entsprechend in den folgenden Jahren werden jeweils unter dem Ansatzpunkt der drei Apsiden-Kuppeln massive steinerne Ringanker – «catene di macigni» – mit Eisenklammern in Blei gelegt, um die Seitenschubkräfte dieser Kuppeln aufzufangen. Der Baumeister verwendet also die Ringanker-Technik, die dann bei Brunelleschi eine so große Rolle spielen wird.

An dieser Stelle wird es gut sein, für einen Augenblick die Chronologie zu unterbrechen. Schon die hier skizzierte Vorgeschichte des eigentlichen Kuppelbaus, die hundertzwanzig Jahre Arbeit am Florentiner Dom umfaßt, davon fünfzig Jahre intensiver Bautätigkeit, wurde in der bisherigen Forschung Gegenstand vieler Theorien, die dann als «Tatsachen» in den Kunstgeschichten weiterlebten. Aber erst wenn man die am häufigsten angeführte Behauptung fallen läßt, es habe einen Plan Arnolfos gegeben, der bis 1367 bestanden habe und auch in den intensiven Entscheidungsprozessen der Jahre um 1367 nicht substantiell verändert, sondern nur vergrößert worden sei, ist eine unbefangene Würdigung der schöpferischen Leistung Neri di Fioravantes und der Künstler um ihn möglich. Sie besteht, wie gezeigt, nicht allein in einer Vergrößerung des Dom-Komplexes, sondern vor allem in der konstruktiv riskanten Idee, den Tambour in die Planung einzuführen mit dem Ziel einer monumentalen, aber auch «moderneren, rinascimentalen» Bauform, weg von der Gotik. Doch auch gegenüber dem nun folgenden Ablauf der entscheidenden Kuppelplanung zwischen 1417 und 1420 ist solche Unbefangenheit nötig. Auch heute noch, bis in neueste Publikationen, wird wiederholt, was Antonio di Tuccio Manetti (1423-97) in seiner Schilderung von Brunelleschis Leben über dessen Rivalität zu Ghiberti berichtet. Manetti hatte das Wachsen der Kuppel als Kind miterlebt und war im Gespräch mit dem verehrten Meister zu einem leidenschaftlichen Parteigänger Filippos geworden – über dessen Tod hinaus. Wie schon Manetti die Tatsachen zugunsten seines Heros färbt, um dessen Leistung ins volle Licht zu rücken, wie er die Ideen und Entwürfe aller anderen (vor allem Ghibertis) notorisch herabsetzt, wie dann Giorgio Vasari Manettis Legenden frei fabulierend mit gleicher Tendenz weiterspinnt, ist schon von Cornel von Fabriczy vor hundert Jahren durch einen Vergleich mit zuverlässigen Quellen aufgezeigt worden – vor allem mit den durch Cesare Guasti 1857 auszugsweise veröffentlichten Rechnungs- und Protokollbüchern der Domopera.[15]

Dennoch stecken auch in der weitgehend «entmythologisierten» Deutung der ersten Brunelleschi-Forscher Nardini (1885), Frey (1887) und Fabriczy (1892) Interpretationsfehler. Saalmans ungeheuer fleißiges Quellenstudium und seine angelsächsisch-kühle, kriminalistisch-genaue Argumentation lassen auch hier beim Wettbewerb und der planerischen Vorbereitung für die Kuppel eine neue, den wahren Bedingungen eines solchen Entscheidungsprozesses angemessenere Beurteilung zu. Brunelleschis Tat verliert nicht an Größe, wenn man die angeblich von den Mitkonkurrenten vorgebrachten Torheiten nicht als historische Fakten nimmt; aber auch nicht, wenn man die Ereignisse um den Kuppelwettbewerb etwas entdramatisiert: Die Köpfe – die Quattuor Officiales, die Operai und die Vorstände der Wollweberzunft –, die über die für den Kuppelbau eingereichten Vorschläge und Modelle zu entscheiden hatten, waren sehr wohl so erfahren und fachmännisch-intelligent, daß sie Brunelleschis Vorschläge richtig einzuschätzen wußten. Daß sie ihn aus Versammlungen mehrfach «hinaustragen» ließen, weil die genialen Ideen, die er vorbrachte, ihren beschränkten Gemütern unsinnig erschienen, ist wohl dichterische Übertreibung.

Aber auch die auf einige Notizen der Dom-Opera gestüte Hypothese (Nardini, Frey, Fabriczy und ihre Nachfolger), die Operai hätten nach Filippos großem, gemauertem Modell der Kuppel noch ein von ihm und Ghiberti gemeinsam zu fertigendes gefordert, das dann das endgültige, zur Baubeschreibung gehörige gewesen sei, wird von Saalman durch eine sinnvollere und besser belegte Deutung entkräftet. Die Annahme ist aber sicher richtig, daß nicht nur Brunelleschi seit 1404, sondern viele fähige Meister der Stadt und die zuständige Dombaubehörde sich mit der immer bedrohlicher heranrückenden Frage des Kuppelbaus auseinandersetzten; daß den Beauftragten der Arte della Lana die fachlichen Probleme auf den Nägeln brannten; ferner, daß die ganze Angelegenheit auch in der Peripherie des Geschehens leidenschaftlich diskutiert wurde und zu heftigen Parteibildungen unter den mehr oder weniger Beteiligten führte – was dann wiederum den Legenden und Ausschmückungen reiche Nahrung gab.

Machen wir uns klar, daß in der architektonischen Praxis und Theorie des 14. Jahrhunderts die technischen Probleme nicht gelöst werden konnten bis zu dem Augenblick, als die Bauaufgabe selbst ihre Lösung unmittelbar erforderte. Die Ereignisse von 1417-20 zielen nun unmittelbar auf die Ausführung aller Ideen in der drängenden Wirklichkeit des Baus.

1417

14. März: Ab diesem Tag erscheinen in den Rechnungsbüchern der Dom-Opera immer wieder Ausgaben für Beratung, Zeichnungen oder Modelle zur Planung der technischen Durchführung der Kuppel, darunter auch, am 19. Mai, Vergütungen für «Zeichnungen und Anstrengungen betreffend die Kuppel» an Brunelleschi. Am 30. Juni wird der angesehene Mathematiker Giovanni dell' Abaco bezahlt für seine Arbeit und seinen Rat – seine Leistungen dürften der Fest-

legung der geometrischen Kuppelform, der einzelnen Proportionen im Höhenaufbau und der überaus schwierigen Maßkontrolle während des Baus gegolten haben.

Am 21. Mai wird dem Zimmermann Manno di Benincasa ein offenbar ansehnlich großes Holzmodell in Auftrag gegeben, das wahrscheinlich dazu dienen sollte, Brunelleschis Vorschlägen aus den Mai-Beratungen, an denen auch Abaco teilgenommen hatte, greifbare Gestalt zu geben; die «Anschaulichkeit» der jeweils vorgetragenen Ideen erweist sich im Urteilsprozeß als eminent wichtig.

In dem Jahr, das diesen Beratungen folgt, reichen Meister verschiedenster Profession, selbst aus den bauerfahrenen Städten Pisa und Siena, Zeichnungen und Modelle ein als Lösungsvorschläge für die technische Durchführung der Riesenkuppel. Die Dombaubehörde hat weithin bekannt gemacht, daß alle brauchbaren Erfindungen belohnt werden sollen. Derweil geht die Arbeit an der Einwölbung der letzten der drei Apsiden unter Giovanni d'Ambrogios Leitung zügig voran. Auch er fertigt ein Einrüstungsmodell für den Kuppelbau.

1418

19. August: Die Operai schreiben in aller Form einen Wettbewerb von Zeichnungen, Modellen und Ideen zur Lösung der Kuppel-Probleme aus, zuerst begrenzt bis Ende September, dann verlängert bis 12. Dezember. Ansehnliche Belohnung für alle irgendwie brauchbaren Vorschläge wird angekündigt. Diese Konkurrenz zielt offensichtlich auf die Klärung folgender bautechnischer Fragen:

– Wie sollen die Lehrgerüste für die Kuppel sowie die sie tragende Unterkonstruktion aussehen?
– Welche Arbeitsplattformen und Arbeitsgerüste sind in dieser Höhe (50-100 m) möglich?
– Welche Geräte, «Maschinen» und Kräne zum Materialtransport sind zu fertigen?
– Wie soll die laufende, exakte Vermessung der Wölbungskurven und der radial einzurichtenden Mauerschichten und Bauglieder erfolgen?

Die Summen, die für die bis zum 12. Dezember eingelieferten Entwürfe gezahlt wurden, lassen den klaren Schluß zu, daß allein Ghibertis Modell aus kleinen Ziegeln («mattoni picholini crudi» – er hatte vier Maurer, einen Zimmermann und dessen Gehilfen vier Tage dafür beschäftigt) und das weit aufwendigere

Brunelleschis von wirklichem Interesse für die Operai waren und in die engere Wahl kamen; sie allein durften ihre Modelle auf dem Gelände der Dom-Opera errichten. Von Beginn der öffentlichen Ausschreibung an war Filippos Modell, das er zusammen mit Donatello und Nanni di Banco herstellen ließ, für die Baubehörde von vorrangiger Bedeutung. Aus Holz und normalen Ziegeln als Modell der ganzen Kuppel gefertigt (wir können aus der Materialabrechnung über Tausende von mattoni auf die Größe schließen), dürfte es den beachtlichen Maßstab von etwa 1:8 gehabt haben, war also selbst ein begehbares kleines Gebäude mit einem unteren Durchmesser von etwa 6-7 m und von 4 m Höhe. Da Brunelleschi schon in seinem 1417 präsentierten Holzmodell im Maßstab etwa 1:16 (von Manno di Benincasa) seine konstruktiven Ideen demonstriert haben dürfte (den inneren Aufbau der Kuppel und die einzelnen Bauglieder), handelte es sich jetzt offenbar im großen Modell um die praktische Durchführbarkeit seines erstaunlichsten Gedankens: daß eine Kuppel dieser Größe ohne tragendes Lehrgerüst errichtet werden könne («sanza alchuna armadura») und wie das Mauerwerk anzuordnen sei, um Stabilität des gesamten Verbandes zu erreichen. Eine zweischalige Mauerung dürfte allerdings in dieser Ausführung nicht möglich gewesen sein.

Schon am 31. August werden von den Operai vier ausgewählte Meister bestimmt, die Ausführung dieses Modells – der Prozeß der Errichtung war das eigentlich Interessante, er beschäftigte vier Maurer durch zwei Monate! – laufend zu überprüfen und zu beobachten. Keinem anderen Entwurf wurde solche Aufmerksamkeit zuteil.

1419

Im Juli und August werden Brunelleschi Kosten erstattet für die Arbeiten eines Drechslers und eines Zimmermanns an der Laterne seines Modells und an der Galerie um den Kuppelansatz, ferner für eine kleine Fahne mit der Florentiner Lilie und für Blei, um das Ganze zu verzieren. Diese Details zeugen von dem großen öffentlichen Ansehen, das dieser Arbeit zuteil wurde. Ein «Zwischenmodell» konnte das nicht sein; offensichtlich war Brunelleschis großes Modell mehr als ein Entwurf, nämlich bereits das endgültige Arbeits-Modell für die Bauphase!

Wir dürfen aus dem Verlauf der weiteren Entscheidungen vermuten, daß auch Lorenzo Ghiberti, der vor allem innerhalb der Zünfte hoch angesehene Meister, der außer Filippo das einzige Modell geliefert hatte, das ernstlich zu beachten war, mit seinen Kräften in den jetzt anlaufenden Entscheidungsprozeß und dann in die Bauausführung eingebunden werden sollte. Seine Begabung durfte in dieser schwierigen, gemeinsamen Sache nicht fehlen.

20. November: Die Konsuln der Arte della Lana bestimmen, daß, um den Entscheidungsprozeß und die Bauausführung unmittelbar voranzutreiben, eine Gruppe von vier Personen, unter den Konsuln und Ratgebern der Zunft ausgewählt und mit weitreichenden Befugnissen ausgestattet, den Operai für jeweils sechs Monate zur Seite treten sollten: «Quattuor officiales cupolae».

1420

Die Quattuor Officiales berufen für den 10. Februar eine Konferenz ein, um ein gewichtiges Problem im Zusammenhang mit der Kuppelplanung zu besprechen. Messer Giovanni di Gherardo da Prato, ein humanistischer Gelehrter und Professor für Literatur, hatte den Einwand geltend gemacht, daß allein durch die acht vorhandenen Tambourfenster das Kuppelinnere nicht zu beleuchten sei. Vierundzwanzig zusätzliche, kleinere Fenster, drei auf jeder der acht Seiten, sollten am Fuße der Kuppelwölbung angeordnet werden. Das Argument der schlechteren Belichtung war nicht von der Hand zu weisen; ebensowenig aber das der mit der Planung beauftragten Meister, daß diese Fenster nicht zu verwirklichen seien, da durch sie die ohnehin riskante Tambour-Kuppel-Konstruktion an der entscheidenden Stelle, wo der Seitenschub des Gewölbes auftritt, geschwächt würde. Da die Frage der inneren Helligkeit nicht theoretisch in einer Debatte zu lösen war, wurde zusätzlich und passend zu Filippos Ziegelmodell, das, um begehbar zu sein, auf Stützen stand, ein Holzmodell des Tambours in gleichem Maßstab hergestellt (März/April 1420) und unter die Holz-Ziegel-Kuppel Filippos plaziert. Detaillierte Abrechnungen über Holzlieferungen in dieser Sache bis hin zu Schlüsseln für eine Klapptür an diesem Modell und Malerarbeiten daran belegen seine Existenz. In Konferenzen vom 22. und 26. April wurde der «gelehrte Einwand» behandelt und – weil technisch nicht zu verwirklichen – zurückgewiesen.

Am 27. März schon ergeht von den Quattuor Officiales eine neue – die endgültige! – Einladung an alle Bürger, ihre Meinung und ihren Rat zu den zur Entscheidung stehenden Modellen und Entwürfen vorzubringen.

16. April: Von der großen Versammlung der Konsuln der Arte della Lana, der Operai und der Officiales werden im Zunfthaus hinter Orsanmichele Brunelleschi und Ghiberti, zusammen mit dem als Nachfolger Giovannis amtierenden

37

Capomaestro Battista d'Antonio, zu Bauleitern für die Kuppel ernannt. Als Ersatzleute ohne Gehalt werden ihnen die Maler Pesello und Giovanni di Gherardo da Prato zugeordnet.

Ende Juli werden Brunelleschis Modell und die dafür in Volgare[16] verfaßten genauen Ausführungsbestimmungen (das «Programm») öffentlich und rechtlich bindend bestätigt. Der dreijährige, schwierige Entscheidungsprozeß ist damit abgeschlossen. Daß er für alle Beteiligten oft voll heftiger Spannung war und manche menschliche Schwäche ins Spiel kam, dürfte sicher sein; als erzählfreudigen Spiegel dieser Seite des Vorgangs können wir Manettis und Vasaris Berichte nehmen. Die Fachleute sahen sicher das gewaltige Risiko dieses Baus vor sich – andere vielleicht die «ungeheure Beute an Ruhm», die zu gewinnen war.

Es kann keine Frage sein, daß sich Filippo Brunelleschi schon in den drei Jahren intensiver Planung als die eigentlich geniale und erfinderische Persönlichkeit in diesem Menschenkreis erwiesen hatte, aber auch als der zähe, willensstarke Taktiker in den Verhandlungen. Von seiner Beredsamkeit wird Bewunderungswürdiges überliefert. In allen Berichten erscheint sein Name von diesem Zeitpunkt an an erster Stelle. Es sollte aber auch keine Frage sein, daß die Menschen, mit denen zusammen er seinen Auftrag erhielt, wertvolle Fähigkeiten in die Arbeit einzubringen hatten. Lorenzo Ghiberti, seit achtzehn Jahren mit dem Modellieren und Gießen der zweiten Tür des Baptisteriums beschäftigt, war sicher nicht nur als Strohmann Filippo zur Seite gestellt. Er war nicht nur der bewährte Leiter der bedeutendsten Bronzegießerwerkstatt in Florenz, sondern es hatten auch viele der angesehensten Künstler der Stadt bei ihm gelernt. Vielleicht war es auch Lorenzos stetiges, bedächtiges Temperament und die wache Aufmerksamkeit eines Konkurrenten, die man dem in der Praxis bis dahin nicht bewährten, leicht aufbrausenden Filippo in dieser großen Sache zur Sicherheit beigeben wollte. Beide galten zusammen als die entwerfenden und die Oberaufsicht führenden Architekten («ghovernatori»). Battista d'Antonio («capomaestro»), als der Praktiker am Bau, war das Bindeglied zu den acht «magistros in murandum», tüchtigen Meistern, denen je eine der acht Gewölbekappen zugeteilt wurde, zusammen mit je neun Maurern. Daß Battista einunddreißig Jahre lang, bis zu seinem Tode, in seiner führenden Position blieb, zeigt seine Qualität. Im Hintergrund standen die Ersatzleute Pesello und Giovanni di Gherardo, die vielleicht auch eine beratende Funktion hatten. Von seiten der Arte della Lana waren weiterhin die Quattuor Officiales und die Operai mit der Bauorganisation betraut.

Diese Organisation der Dombauhütte muß man sich möglichst deutlich in ihrer ganzen Vielseitigkeit und Größe vorstellen; die Kraft und Begabung der in ihr tätigen Menschen bildeten den Arm, ohne den sich Filippos Erfindergeist nicht verwirklichen konnte. «Die Florentiner Kathedrale ist mehr als nur ein Symbol kommunaler Bestrebungen in der Zeit zwischen 1300 und 1500. Ihre Planung und Durchführung erforderte alles technische und verwalterische Können und alle verfügbaren materiellen Mittel und bildete den Anreiz für die Entwicklung neuer Techniken und die Erschließung neuer Hilfsquellen. Im Durchschnitt waren fünfzig Meister, Gesellen und Lehrlinge auf der Baustelle beschäftigt. Sie stellten aber nur die Spitze eines ökonomischen Eisberges dar, der Dutzende Vertragshändler und deren Arbeiter umfaßte, die Steine von den Steinbrüchen der nahen Hügel lieferten und herantransportierten, Holz von den Bergen nördlich und östlich des Arno-Tals, Marmor in verschiedenen Farben von Carrara, Siena, Monsummano, Campiglia und Prato, Eisen- und Stahlprodukte von den Schmieden oberhalb Pistojas und aus dem Casentino, Ziegel und Dachpfannen von Lastra, Campi und Impruneta, Seile von Pisa und Blei von Venedig.»[17]

Die architektonischen Vorbilder.
Die Bedingungen von 1417.
Die konstruktiven Probleme

Aus der Chronologie des Dombaus können wir entnehmen, daß Filippo Brunelleschi nachweislich schon 1404 als Berater in einer die Konstruktion und Form der Apsiden betreffenden Frage von der Baukommission gehört worden war. Das wäre wohl kaum möglich und sinnvoll gewesen, wenn er nicht früh schon irgendeine intellektuelle oder fachliche Qualifikation für solche Baufragen gezeigt hätte – bloß als Goldschmiedemeister, als der er der Zunft angehörte, wurde er wohl nicht konsultiert. Wir wissen, daß er sich einerseits schon früh mit mathematischen und geometrischen Problemen auseinandersetzte, andererseits intensiv die ihm zugänglichen praktischen Beispiele einer konstruktiv gelungenen und in der Form edlen Architektur studierte. Altehrwürdiger Mittelpunkt von Florenz war das Baptisterium; in Rom gab es das gewaltige Pantheon. Die Berichte Manettis und Vasaris, er sei wiederholt nach Rom gereist, dürfen wir zwar nicht als dokumentarische Belege für solche Reisen nehmen; aber es spricht nichts ernstlich dagegen, daß er in Rom war und die damals noch reichlicher vorhandenen Beispiele römischer Baukunst gründlich untersuchte, allen voran das Pantheon. Wenn Brunelleschi sich schon 1404 oder früher mit dem Florentiner Dom beschäftigte, wird er gewußt haben, welche großen Probleme den Baumeister der Kuppel erwarteten. Maße, Größe und Form des Baus, seit 1367 weitgehend festgelegt, mußten an jedem Jahresbeginn von den Operai neu beschworen werden. Was ist wahrscheinlicher, als daß er die Konstruktion des Riesenkuppelbaus der Römer und die andere, die seine Vorväter im Mittelalter am Baptisterium verwirklichten, immer wieder untersuchte und an ihnen «Maß nahm» für den Florentiner Dom? Betrachten wir kurz die Merkmale dieser beiden Bauten.

Das Pantheon in Rom ist mit 43,60 m Durchmesser der größte Kuppelbau der Antike. In ihm kommt all das zur höchsten Vollendung, was römische Architekten an Mauertechniken, Einrüstverfahren und statischen Vorstellungen, vor allem an den Großkuppeln der Thermen, entwickelt hatten. Die Kuppel ist genau

Stereometrischer Schnitt durch das Baptisterium

41

Größenvergleich der Kuppeln

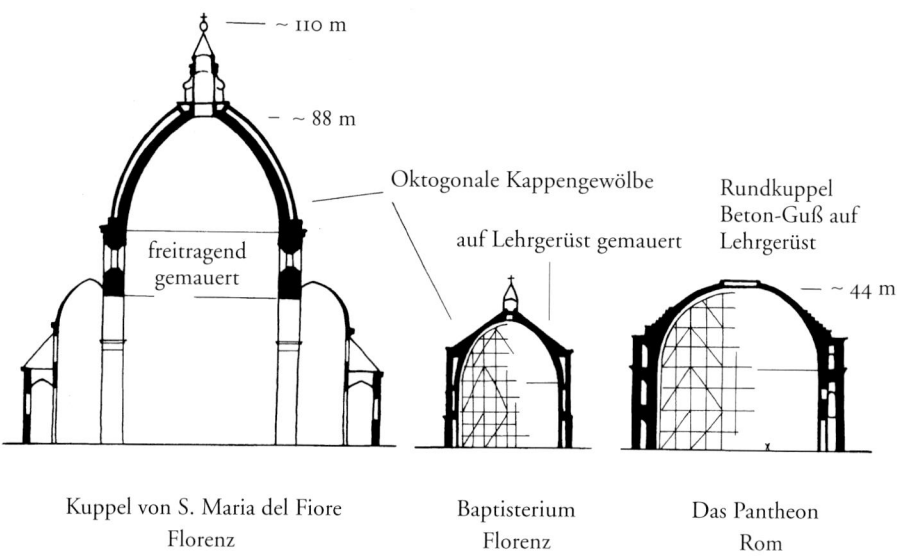

Kuppel von S. Maria del Fiore
Florenz

Baptisterium
Florenz

Das Pantheon
Rom

eine Halbkugel; würde sie zur Kugel ausgebildet, so streifte sie den Boden. Das heißt, daß der Beginn der Wölbung bei knapp 22 m lag, der bronzene Schlußring auf fast 44 m saß. Diese Höhe war gerade noch mit einem vollständigen Lehrgerüst einzuwölben – sicher die Grenze damaliger Zimmermannskunst. Um die vom Gewölbe zu erwartenden Seitenschubkräfte aufzufangen und innerhalb des Mauerwerkes in die Fundamente abzuleiten, legte man die kreisrunde Wand 6,20 m stark an, mit raffinierter Verteilung von Hohlräumen und kraftverteilenden Rundbögen. Zusätzliche Hilfe war, daß man die Kuppel einschalig ausbilden und aufgrund der lang entwickelten römischen Bautechnik aus Kalkbeton als in sich steife Kalotte gießen konnte, mit gewichtsparenden Kassetten in der Wölbung innen und einer Verwendung leichterer Zuschlagstoffe im oberen Teil der Schale, was wiederum die Neigung zu Seitenschub verringerte. Dadurch entstand etwas wie eine «statisch autonome» halbkugelförmige Schale, die, ideal gesehen, am Auflager nur noch senkrechte Last brachte. Eine Laterne über dem mit dem Bronzering verspannten Auge von 9 m Durchmesser war natürlich nicht denkbar. Senkrechte Aufmauerung über dem Ansatzpunkt der Wölbung drückte die möglichen Seitenschubkräfte noch mehr in die vertikalen Wände. Konnte das Pantheon, dessen Durchmesser den inneren der Florentiner Kuppel noch um ein Geringes übertraf, Modell für diese sein?

42

Näher lag das Baptisterium. Hier sind die Form und die durch sie bestimmte Konstruktion den Bedingungen der großen Schwester verwandter. Über dem Oktogon des Unterbaus (25,60 m Durchmesser von Wand zu Wand) wölbt sich eine achtseitige Kuppel mit steilem gotischem Querschnitt. Acht Doppelpfeiler in den Ecken, je zwei vertikale Zwischenrippen in den einzelnen Kappen versteifen das Gewölbe und hindern die Seitenschubkräfte daran, im unteren Teil auszubrechen. Die Kuppel ist in der unteren Hälfte zweischalig ausgebildet. Tonnengewölbe überspannen radial die vierundzwanzig Rippen und tragen das Dach aus Marmorplatten. Seine senkrecht wirkende Last hilft wiederum, die Seitenschubkräfte in die Wände darunter zu drücken. Der Neigung jeder Gewölbekappe, im oberen Teil nach innen zu kippen, wirkt die gleiche Tendenz der gegenüberliegenden entgegen; alle verspannen und verbinden sich im achtseitigen Schlußring, den eine zierliche Laterne krönt. Ein Ringanker aus Balken umspannt die Kuppel im unteren Drittel. Drei stufenweise Verringerungen der Gewölbestärke vermindern die Seitenschub erzeugende Last im oberen Teil. Mit dem gleichen Zweck ist das untere Drittel des Gewölbes in Kalksandstein ausgeführt, die zwei oberen Drittel bestehen aus Ziegeln. In einem sehr bedeutsamen Punkt waren diese schon bestehende und die geplante Florentiner Kuppel allerdings nicht vergleichbar: in der Größe. Man blicke nur einmal von Brunelleschis Kuppel auf das Baptisterium hinab! Es ist aber nicht zu übersehen, daß dieser konstruktiv und ästhetisch gelungene oktogonale Bau das bestimmende Beispiel am Ort war; nicht nur, daß Brunelleschi bis in die Details eines konstruktiven Organismus von ihm lernen konnte, sondern es hatte wohl auch den acht Meistern unter Neri di Fioravante Mut gemacht, ein in der Form ähnliches Gebilde ins Große übersetzt zu denken. Die Jahrzehnte würden sicher die geeigneten und fähigen Baumeister bringen, die mit den durch die Größe bedingten Schwierigkeiten fertig werden konnten. Hatten sie im Modell von 1367 sogar schon eine zweischalige Domkuppel vorgesehen, das Beispiel Baptisterium also weiterentwickelt? Das führt uns unmittelbar zu der Frage, mit welchen Vorentscheidungen durch die Neri-Kommission Brunelleschi sich auseinandersetzen mußte, als er, vielleicht schon am Anfang des neuen Jahrhunderts, daran ging, Ideen zur Lösung der allen bekannten Kuppelprobleme zu entwickeln. Daß diese Ideen fünfzehn Jahre lang wuchsen und reiften, daß sie das Thema intensiver Gespräche mit Donatello, Nanni di Banco, Luca della Robbia und anderen fähigen Freunden und Künstlern um ihn bildeten, liegt nahe. Die Lösungen, die Filippo 1417 der Baukommission vortrug – ob damals zum erstenmal, wissen wir nicht – und die spätestens 1418 im großen, gemauerten Modell sichtbare Form annahmen, waren klar, bestimmt, gefiltert; so weit jedenfalls, als die Intuition eines Mannes die komplexen Fragen greifen konnte, ohne noch in die Wirklichkeit des Bauprozesses selbst eingetaucht zu sein.

Rekapitulieren wir die Entscheidungen, die die Baukommission von 1367 gefällt hatte:

1. Mit dem Beschluß, das Vierungsoktogon von 62 Ellen Durchmesser (von Wand zu Wand) auf 72 zu erweitern, war die Dimension des ganzen Gebildes entscheidend gewachsen; 42 m Durchmesser waren gewaltig. Damit hatten aber auch die Lasten zugenommen, die von den Pfeilern der Unterkonstruktion getragen werden mußten.

2. Die unmittelbar mit dieser Entscheidung verknüpfte Einführung des Tambours hatte den Fußpunkt der Kuppelwölbung noch einmal um 13 m angehoben und damit die Möglichkeit gebracht, eine Gesamthöhe von 144 Ellen am Schlußring zu erreichen. Die Form des Tambours mit seinen großen runden Fenstern und seiner knappen Wandstärke lag ebenfalls fertig vor. Welche Verankerungen in ihm lagen, wie stabil er ausgebildet wurde, könnte Brunelleschi gewußt haben – hatte er doch den Bau des Tambours durch Jahre miterlebt und Giovanni d'Ambrogio in damit verwandten Fragen beraten.

3. «Beschworen» war auch die Form des Gewölbes selbst als steile gotisierende Kuppel mit acht Kappen. Beispiele, wie ein solches Gebilde gedacht war, geben das Fresko Bonaiutis in der Spanierkapelle (S. Maria Novella) und der Aufbau über dem Orcagna-Altar in Orsanmichele, aber auch die kleine, steile Halbkuppel des Baldachins über der Madonna della Rosa außen an dieser Kirche – beide den Männern der Arte della Lana oft vor Augen, denn ihr Zunfthaus lag unmittelbar hinter Orsanmichele.

4. Mit einiger Wahrscheinlichkeit gehört sogar die konstruktive Idee, die Kuppel zweischalig anzulegen, zu den Entscheidungen und Plänen, die fertig vorlagen – war doch eine einschalige Kuppel dieser Größe aus Gewichtsgründen undenkbar.[18]

Es ist bezeichnend, daß in den Dokumenten der Auseinandersetzungen zwischen 1417 und 1420 keine dieser Fragen als Diskussionsthema auch nur erwähnt wird. Der Tambour war gebaut, die Maße lagen fest, ebenso die allgemeine Form, weitgehend auch das äußere Aussehen. Welche Probleme mußten sich für Brunelleschi daraus ergeben? Wenn wir im folgenden die einzelnen Fragen getrennt betrachten – was notwendig ist, um sie klar zu verstehen –, sollten wir doch nicht vergessen, daß sie im Ganzen ineinandergreifen, sich gegenseitig bedingen und nicht durch separate Maßnahmen einzeln zu lösen waren.

Der Seitenschub in Bogensystemen und die Möglichkeiten, ihn zu bewältigen

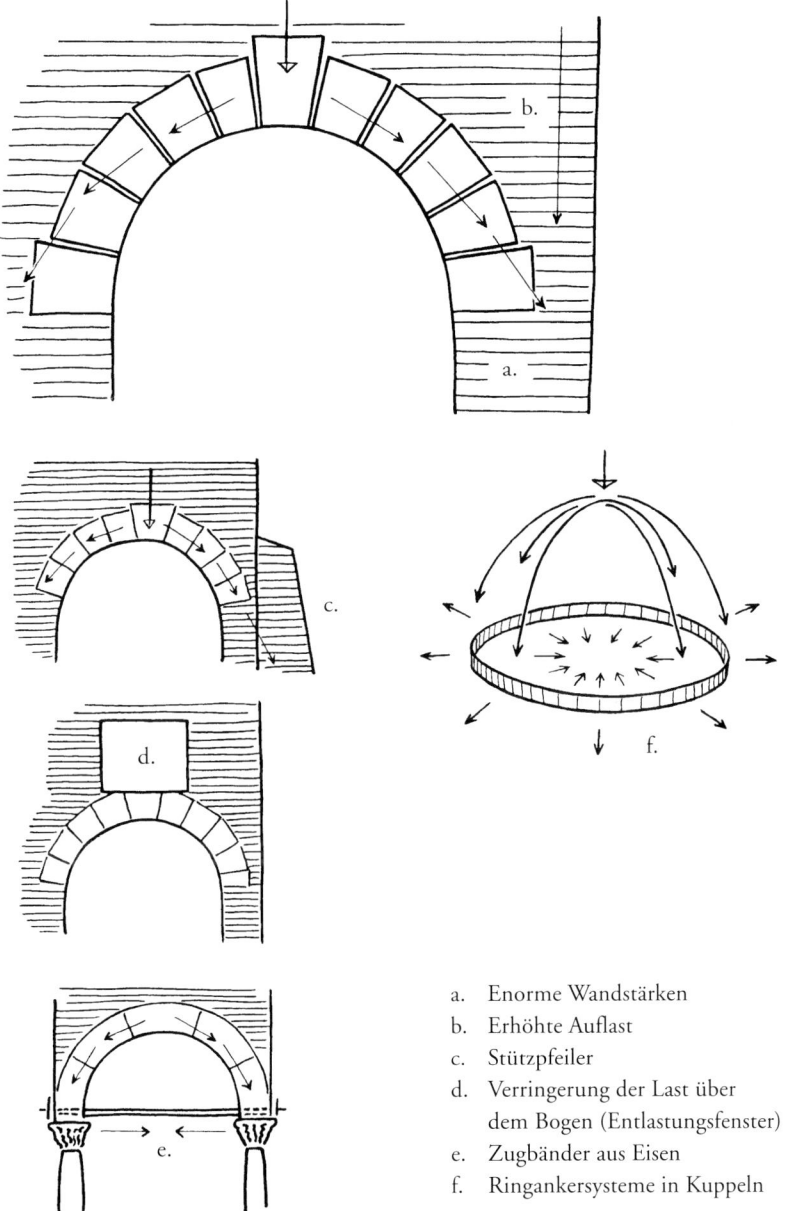

a. Enorme Wandstärken
b. Erhöhte Auflast
c. Stützpfeiler
d. Verringerung der Last über dem Bogen (Entlastungsfenster)
e. Zugbänder aus Eisen
f. Ringankersysteme in Kuppeln

1. Für die engagierten Bürger und die Baukommission der Arte della Lana war das augenscheinlichste, drängendste Problem das der Einrüstung. Lag der Ansatz der Wölbung beim Pantheon bei 22 m, so war die Oberkante des Tambours in Florenz 54 m hoch; erreichte das Pantheon am Schlußring 44 m, so die geplante Kuppel über 85 m. Mit der bis dahin geübten Technik, die Kuppelschale mit festen, von einem Gerüst getragenen Lehrbogen zu mauern oder aus Kalk-Beton zu gießen, abbinden zu lassen und das Gerüst dann zu entfernen, konnte man den Riesendom in Florenz nicht mehr bauen. Ein Holzgerüst dieser Höhe, stabil genug, die ungeheure Kuppellast bis zum Verspannen zu tragen, wäre schon beinahe unter dem eigenen Gewicht zusammengebrochen, von den ungeheuren Kosten einer solchen Zimmermannsarbeit ganz zu schweigen. Ein Gerüst, das das Innere des Oktogons versperrte, hätte auch enorme praktische Schwierigkeiten für den Transport schwerer Bauglieder mit sich gebracht. Die schweren Sandsteinbalken des geplanten Ringankers, Holzbalken, Marmorblöcke hätten über mehrere Stufen an der Außenseite hochgehievt werden müssen, was gleichermaßen gefährlich gewesen wäre für die Werkleute wie den Baukörper der Apsiden und Kapellen darunter. Zuletzt darf der ungeheure Zeitaufwand nicht vergessen werden, den ein solches Einrüsten, Abbinden und Ausrüsten braucht. Der Bauablauf wäre um Jahre verzögert worden. Wie sehr dieses Problem alle Beteiligten beschäftigte, zeigen uns die phantastischen Vorschläge, von denen Manetti berichtet: Man solle einen Turm innen bauen oder das Innere der Vierung mit Erde füllen und Silbermünzen untermischen, damit die Florentiner am Ende kämen und abräumten.

2. Jede Kuppel erzeugt ebenso wie jeder Bogen innerhalb ihres Wölbungsverlaufs und vor allem an ihrem Fuß eine seitlich nach außen wirkende Kraft, den Seitenschub, dessen Richtung und Stärke von Form und Last der Wölbung abhängen. Die römische Technik neigte dazu, diese schräg nach unten-außen laufenden Kräfte über enorme Wandstärken abzuleiten oder gar steife, weitgehend «statisch autonome» Kalotten zu gießen; beide Methoden, miteinander kombiniert, dürften dem Pantheon seine Stabilität geben. Die kühnen Baumeister der Gotik, die ihre Gewölbe aus Rippen fügten, zwischen die sie nichttragende, leichte Ziegelkappen spannten, führten den entstehenden Seitenschub über Strebebögen nach außen ab. In Byzanz und der islamischen Baukunst kannte man für Kuppeln sogar Ringankersysteme; auch bei den Florentiner Apsiden hatte man einen halbkreisförmigen Stein-Ringanker gelegt. Zugbänder in der Kämpferzone von Bögen waren bekannt. Was diese Systeme aber bei einem Bauwerk dieser Größenordnung leisten konnten, war ungewiß.

Statische Probleme eines Kappengewölbes im Bauprozeß

Rundkuppel:
Während des Baus trägt sich
jede geschlossene Schicht selbst

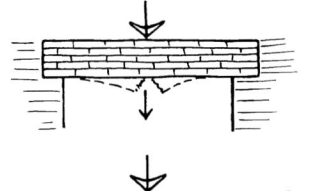

Waagerechter Sturz:
Balken bricht wegen falscher Ziegellage

Scheitrecher Bogen:
Keilförmige Anlage der Schichten
und Ziegel senkrecht zur Kraftrichtung

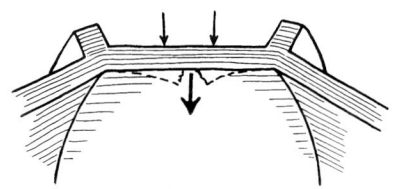

Die geraden Kappen drohen einzubrechen

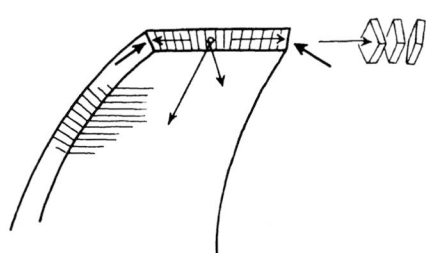

Ideale Ziegellage für Horizontalkräfte;
die Gewölbekappe als Verbindung
von Wand und scheitrechtem Bogen

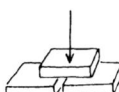

Ideale Ziegellage für senkrechte Lasten

Äußere Strebebögen bis in die Höhe des Kuppelfußes oder eine «Spinne» von kreuzweise verspannten Zugbändern innen verboten sich aus ästhetischen Gründen. «Seit Errichtung des Pantheons waren keine Kuppelbauten mit vergleichbaren Ausmaßen entstanden. Deshalb mangelte es an praktischer Erfahrung, und das Vertrauen in derartige Bauten war nach dem Einsturz der Hagia Sofia von 1346 (Konstantinopel) schwer erschüttert. Und gerade erst 1400 mußten die Florentiner den Baukörper des Baptisteriums verstärken, der nachzugeben drohte.»[19] Wie sollte man also das Problem des Seitenschubes bei einer Riesenkuppel dieser Höhe lösen?

3. Das gesamte Gebilde der Kuppel, dessen zu erwartende Gewichte und vertikal wirkende Lasten nicht berechnet werden konnten, mußte auf eine Unterkonstruktion gesetzt werden, von der weder klar war, wie gut die eine Generation vorher gelegten Fundamente noch wie stabil die vier riesigen gotischen Bögen der Vierung und ihre Pfeiler waren. Schon die 9000 t des Tambours brachten in dieser Hinsicht ein zusätzliches Risiko. Brunelleschi wußte sicher, daß bei der Konstruktion der Kuppel alles darauf ankam, jede entbehrliche Tonne Gewicht einzusparen.

4. Eine oktogonale Kuppel mit acht im horizontalen Schnitt geraden Kappen hat enorme Nachteile gegenüber einer Rundkuppel mit kreisförmigem Querschnitt, da bei dieser jeder horizontale Mauerring an jeder Stelle vor dem Einknicken nach innen geschützt ist. Jeder fertig gemauerte Ring einer Rundkuppel verhält sich statisch wie ein Rundbogen. Er braucht als Stütze nur das Mauerwerk, auf dem er liegt. Bei der achtseitigen Form dagegen besteht die Gefahr, daß die einzelnen Kappen zwischen den großen Eckpfeilern – da sie nur ihrer vertikalen Länge nach gewölbt sind, nicht auch horizontal – in dem Maße einzubrechen drohen, als die Wölbung sich nach innen neigt. Beträgt beim Florentiner Dom ihre Breite am Fuß 17 m, so sind es an der Stelle, wo die Wölbung deutlicher auftritt, immer noch etwa 15 m. Diese Kappen in sich selbst so stark zu machen, daß sie sich in jeder Horizontalschicht wie steinerne Architrav-Balken zwischen die Ecksporne setzen und in sich selbst gegen den Bruch nach innen stabil werden – also eine Kuppel mit einer sehr dicken Schale zu bauen –, war schon aus Gewichtsgründen undenkbar. Undenkbar war aber auch, auf das vorgegebene Oktogon noch eine Rundkuppel zu setzen. Die Phase während der Bauarbeiten selbst, vor dem Abbinden des Mauerwerks, war in den höheren, «hängenden» Partien noch heikler, wenn man ohne unterstützendes Lehrgerüst wölben wollte. Wie konnte man das Abrutschen der Ziegellagen nach innen verhindern?

Die Innenmaße der Kuppel

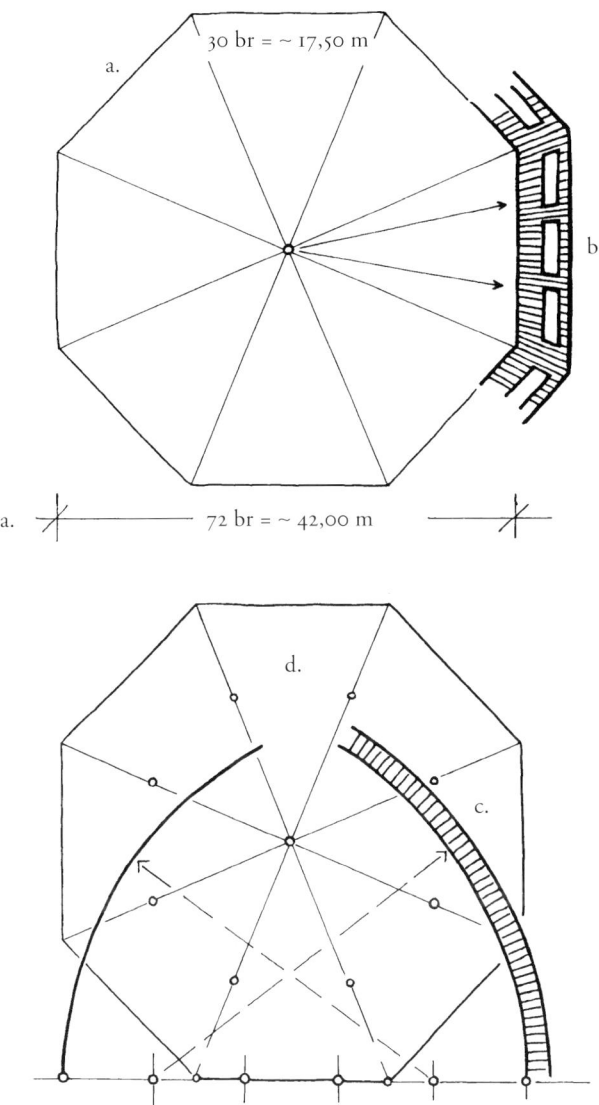

a. Die Innenmaße der Kuppel am Fußpunkt; 1 braccia (Elle) = 0,584 m

b. Die radiale Ausrichtung aller Stoßfugen und Bauglieder

c. Die schichtenschräge Ausrichtung des Mauerwerks

d. Der Mittelpunkt der Gewölbekurve in 4/5 des Durchmessers = «Quinto-acuto-Punkt»

49

5. Schwierigkeiten mußte auch der Tambour bereiten. So wie Brunelleschi ihn 1420 übernahm, war vielleicht unklar, wie gut die von Giovanni d'Ambrogio errichteten, horizontal um das Achteck laufenden Drei-Meter-Streifen Mauerwerk je unter und über den großen Rundfenstern gefügt und verankert waren. Denn die von der Kuppel zu erwartenden Seitenschubkräfte bedurften im Tambour eines stabilen, ringförmig angelegten Verbundes und fester Eckverbände, wenn man schon Strebepfeiler von außen und Zugbänder von innen nicht einsetzen konnte. Offensichtlich war das Mauerwerk des Tambours, nur zwei Drittel so stark wie beim Pantheon, durch die Oculi in seinem Gesamtgefüge geschwächt; die heute deutlich sichtbaren Risse im Bereich der Fenster zeugen von diesem Problem.

6. Eine äußerlich unscheinbare, aber in ihren Auswirkungen sehr gewichtige Frage war die der Vermessung der Kuppel, was ihre Wölbungskurve und die komplizierte Ausrichtung des Mauerwerks betrifft. Von seinen Vorgängern hatte Brunelleschi ein Oktogon übernommen, das erstaunlich ungenau vermessen war; die Längen der acht Seiten schwanken zwischen 16,40 und 17,40 m, differieren also bis zu einem Meter! Im Falle der Kuppel gesellte sich zu den normalen Schwierigkeiten genauer Vermessung am Boden noch die andere der Höhe: An eine zentrale, fixierte Plattform in 54 m Höhe an der Basis der Kuppel, von der aus man hätte vermessen oder visieren können, war kaum zu denken. Die doppelte Aufgabe, die gewünschte Kuppelkurve exakt zu erreichen und die Ziegelschichten in der radial ausgerichteten und zugleich geneigten Lage aufzubauen, forderte hohe mathematisch-geometrische Kenntnisse. Dazu kam die Notwendigkeit, ein System zu finden, das im täglichen Prozeß von den Maurern leicht zu handhaben und doch genau war. Schnüre boten die einzige praktikable Möglichkeit, da Theodoliten vermutlich noch nicht erfunden waren – mit dem enormen Nachteil, daß sie in den Längen von ca. 35 m, wie sie für die Meßlinien gebraucht wurden, unkontrollierbar durchhängen, da sie elastisch und auch längensensibel in bezug auf die Luftfeuchtigkeit sind. Ungenauigkeiten auch nur im Zentimeterbereich konnten sich bei der Größe der Kuppel, nach oben hin multipliziert, fatal auswirken. Da genau eingerichtete Lehrgerüste in den herkömmlichen Kuppel-Bogenkonstruktionen den Maurern das Einmessen abnahmen, waren die Schwierigkeiten bei einem Bauen ohne feste Lehrgerüste um ein Vielfaches erhöht.

7. Für den Bau der Kirche Santa Maria del Fiore sind technische Hilfsmittel wie Seilwinden, mit Menschen- oder Tierkraft betrieben («Rota magna», 1396), einfache Kranvorrichtungen («Stella», 1413), Flaschenzüge und dergleichen nach-

weisbar. Schon für den Tambour hatte aber ein neuer Kran gebaut werden müssen. Der Arbeitsprozeß, der jetzt bevorstand, unterschied sich jedoch wesentlich von den Dimensionen der früheren Bautätigkeit, was die zu erwartende Menge und das Einzelgewicht der Materialien betraf; vor allem aber unterschied er sich durch die Höhe, in der am Fuße der Kuppel die große Arbeitsplattform eingerichtet wurde. Bis dahin mußte alles Material angehoben werden, um dann von dort gezielt an seinen Platz zu gelangen. Die geplanten aufwendigen «Steinketten» und die Balkenringe waren nur möglich, wenn zu ihnen Gerät erfunden wurde, das sie rasch und ohne Gefahr für die Maurer in Position brachte. Mit den bis zu Brunelleschi verwendeten Winden und Kranbalken war das nicht mehr zu leisten. Sicherheit, Effizienz und Geschwindigkeit des Arbeitsprozesses hingen entscheidend von der Frage ab, ob es gelang, Hebewerke und Kräne zu bauen, die der enormen Größe und Höhe des Baus angemessen waren.

8. Die konstruktive Sicherheit eines Gebäudes hängt nicht nur von den angewandten statischen Prinzipien, sondern vor allem auch von der Güte des verwendeten Materials ab. Brunelleschi war sich darüber im klaren, daß – ob er nun Sandstein, Ziegel, Kalk, Holz oder Eisen verwendete – eine genaue Materialkontrolle unerläßlich war. Materialien bot die Umgebung der Stadt reichlich. Aber moderne technische Mittel zu ihrer Überprüfung standen ihm nicht zur Verfügung. Wie sollte er die Zugfestigkeit der macigno-Balken, die Korrosionsbeständigkeit der Eisenanker, die Brennhärte der Ziegel und die Güte des Kalks feststellen?

9. Die architektonische Vision Neri di Fioravantes hatte vermutlich Brunelleschi Größe und Form des Gebäudes vorgezeichnet. Vielleicht lag in dieser Tatsache der schärfste Konflikt für den schöpferischen Genius Brunelleschi, der, gleichzeitig mit dem Bau der Kuppel, eine solche Fülle neuer architektonischer Gestaltungen schuf – von der Cappella Vecchia bis zu Santo Spirito –, daß wir sie als Leistung eines einzelnen in so kurzer Zeit kaum fassen können. Wie konnte er mit dem «Vorgegebenen» zurechtkommen? Hatte er eine Möglichkeit, der Kuppel seine eigene Signatur aufzuprägen?

Brunelleschis organische Architektur.
Eine Baubeschreibung

Bevor wir betrachten, wie Brunelleschi die komplexen Fragen beantwortet, die das große Kuppelprojekt stellt, sei kurz gesagt, was in diesem gerafften Bild bewußt weggelassen wird. An erster Stelle ist da das «Programm» Brunelleschis mit den Ergänzungen von 1422 und 1426 zu nennen. Es ist ein wesentlicher Schlüssel zum Verständnis der Kuppel, unentbehrlich für jede grundsätzliche Auseinandersetzung mit ihr. Aber die bloße Wiedergabe der Originalfassung mit der Übersetzung (eine moderne deutsche müßte erst geschaffen werden!) würde hier nicht nur zu viel Platz einnehmen, sondern bedürfte dann auch des ausführlichen Kommentars, da das Programm zwei Änderungen erfuhr und die tatsächliche Ausführung am Bau sich von der schriftlichen Fassung in vielen Einzelheiten unterscheidet. Wir dürfen als Brunelleschis Lösung das betrachten, was gebaut wurde, da die Möglichkeit von Änderungen gemäß den sich in der Praxis ergebenden Notwendigkeiten im Programm selbst ausgesprochen ist: «Denn beim Bauen wird die praktische Erfahrung lehren, welcher Methode man folgen soll.» Dennoch ist nicht auf einen Bezug zum Programm verzichtet; er findet sich in vielen direkten Zitaten und italienischen Bezeichnungen sowie in einzelnen Hinweisen und der Chronologie des Bauablaufs ebenso wie in den Maßangaben in Ellen («braccia» = 0,584 m), sofern nicht gleich moderne Maße genannt werden. Insgesamt liegt dieser Darstellung überall ein eingehender Vergleich des Programms mit der Bauausführung zugrunde.

Auch viele Details, Maße, aber auch in unserer Zeit entdeckte Unregelmäßigkeiten, die eine rein wissenschaftliche Untersuchung erwähnen müßte, sind hier beiseite gelassen, um die Konzentration auf das Wesentliche, das Verständnis der Baustruktur, zu lenken. Wiederholungen ließen sich nicht immer vermeiden. Mancher Gedanke wird hier erwähnt, der auch in den anderen Kapiteln erscheint; damit jeder Abschnitt in sich verständlich bleibt, schien mir das erlaubt. Einige größere Komplexe wie die Treppenanlagen im Oktogon, die geplanten Galerien außen, die Marmorverkleidungen und die Laterne als Ganzes sind ebenfalls ausgespart.

Die zweischalige Kuppel:
Aufbau und Maße des unteren Drittels

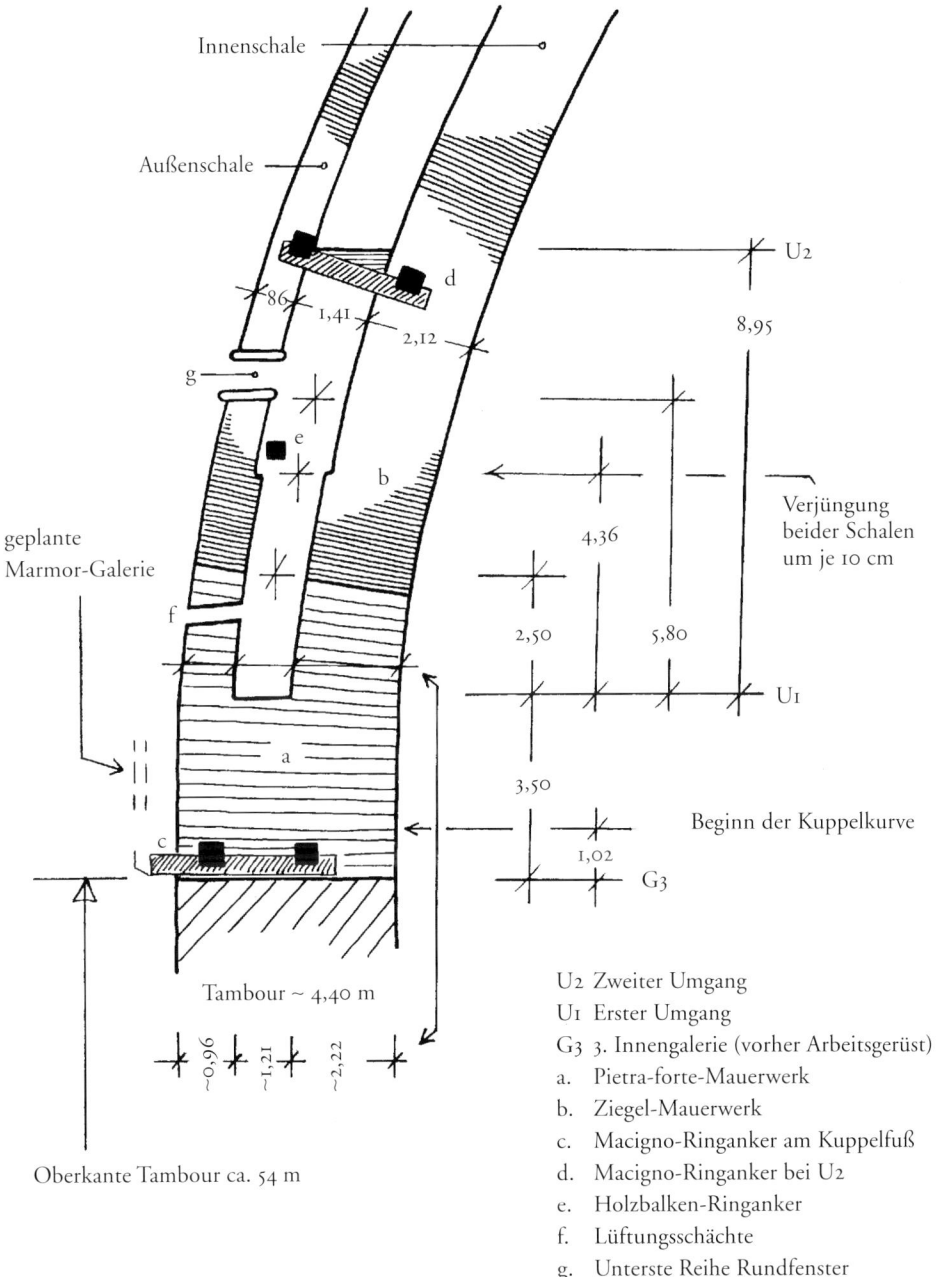

Innenschale

Außenschale

d

86 · 1,41

2,12

U2

8,95

g

e

b

geplante
Marmor-Galerie

f

Verjüngung
beider Schalen
um je 10 cm

4,36

2,50 · 5,80

U1

a

3,50

Beginn der Kuppelkurve

c

1,02

G3

Tambour ~ 4,40 m

~0,96 · ~1,21 · ~2,22

Oberkante Tambour ca. 54 m

U2 Zweiter Umgang
U1 Erster Umgang
G3 3. Innengalerie (vorher Arbeitsgerüst)
a.   Pietra-forte-Mauerwerk
b.   Ziegel-Mauerwerk
c.   Macigno-Ringanker am Kuppelfuß
d.   Macigno-Ringanker bei U2
e.   Holzbalken-Ringanker
f.   Lüftungsschächte
g.   Unterste Reihe Rundfenster

Für die Darstellung der Konstruktion gilt das gleiche, was für die einzelnen Probleme gesagt wurde: Jedes einzelne Glied ist nicht als separates Phänomen anzuschauen, sondern in seiner Verbindung mit allen anderen. Brunelleschi gibt mit der Konstruktion, dem Bau und der Form der Kuppel eine umfassende Antwort auf die vielen einzelnen Fragen, die unser Verstand getrennt stellt. Erst in der Wirkung des Ganzen sind die Einzelerscheinungen verständlich, die die folgende Analyse getrennt aufzählt.

Die Glieder der Konstruktion

«Imprima la cupola da lato dentro e volta a misura del quinto acuto neglangoli – zuerst: die Kuppel ist zu wölben gemäß dem Maß des quinto acuto in den Ecken der Innenseite.»

Der «quinto acuto» war ein durch Jahrhunderte gebräuchlicher Fachausdruck für das Maß des Radius der gotisierenden Wölbungskurve eines achtseitigen Kappengewölbes. Er sagt, daß dieser Radius 4/5 des horizontalen Durchmessers des Oktogons an der Basis betrage; in diesem Fall «neglangoli», von Eck zu Eck. Wie ein Leitmotiv stellt Brunelleschi diese Angabe an den Beginn seines Programmes, um die Wölbungsform zu bekräftigen, die seit Jahrzehnten beschlossen war.

Die tragenden Glieder

(Die braccia-Maße in Klammern entsprechend dem Programm; die Maße in Meter sind Wirklichkeit am Bau.)

Die innere Schale («la cupola»)

Ihre Stärke am Fuß, 3,50 m über der Oberkante des Tambours, beträgt 2,22 m (3 3/4 braccia). In zwei Absätzen von je 10 cm verjüngt sich die Schale nach oben bis zum Schlußring hin auf 2,00 m.

Schnitt durch das Mittelfeld der Gewölbekappen

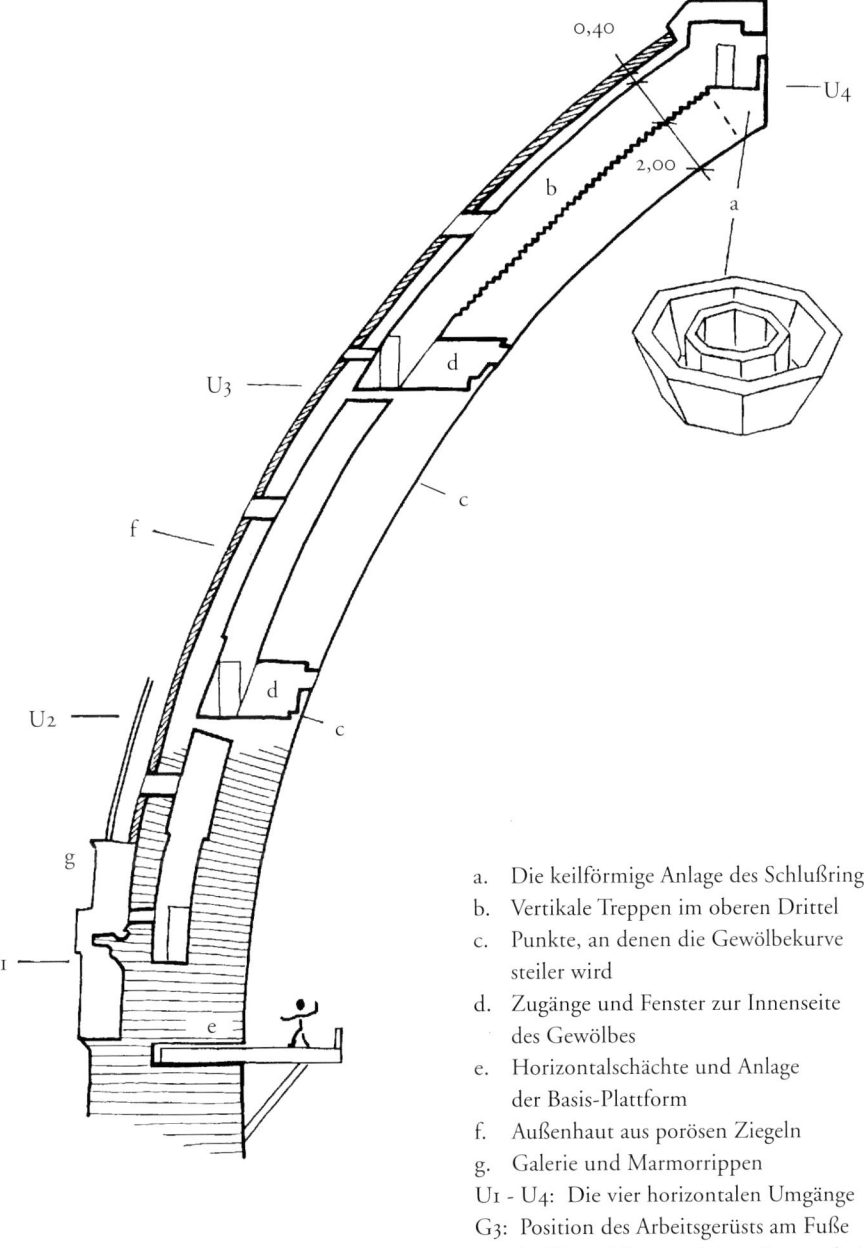

a. Die keilförmige Anlage des Schlußrings
b. Vertikale Treppen im oberen Drittel
c. Punkte, an denen die Gewölbekurve
   steiler wird
d. Zugänge und Fenster zur Innenseite
   des Gewölbes
e. Horizontalschächte und Anlage
   der Basis-Plattform
f. Außenhaut aus porösen Ziegeln
g. Galerie und Marmorrippen
U1 - U4: Die vier horizontalen Umgänge
G3: Position des Arbeitsgerüsts am Fuße
   der Kuppel (später oberste Innengalerie)

Die äußere Schale («la cupola di fuori»)

Ihre Stärke am Fuß beträgt 0,96 m (1 1/2 braccia). Sie ist in ihrem Kurvenverlauf konzentrisch zur inneren Schale gebildet. Auch sie wird in zwei Absätzen von je 10 cm nach oben hin dünner, zuletzt kontinuierlich abnehmend bis auf 0,40 m. Entsprechend erweitert sich der Raum zwischen beiden Schalen von 1,21 m unten bis auf 1,48 m oben.

Die acht Eckpfeiler («sproni»)

Ihre Stärke am Fußpunkt ist 3,60 m (7 braccia). Auch sie werden bis zum Schlußring hin schmaler («piramidalmente murate»). Sie sind außen sichtbar und durch profilierte Marmorgrate verstärkt.

Die sechzehn Zwischenpfeiler («sproni intermedi»)

Zwei in jedem Gewölbefeld. Ihre Stärke am Fußpunkt: 1,70 m (1422 wurde ihre geplante Stärke von 4 auf 3 braccia heruntergesetzt). Auch sie unterliegen der Verjüngung nach oben hin, mit dem besonderen Hinweis: «Legano insieme decte due volte – sie binden die vorgenannten zwei Gewölbeschalen zusammen.»

Brunelleschi nennt im Programm die beiden Schalen zuerst, dann die Vertikalrippen. Wir dürfen also nicht einfach von der Annahme ausgehen, daß die «sproni» die allein tragenden Elemente seien und die Schalen als nicht tragende Kappen dazwischengespannt: Alle vier Elemente in ihrer Verbindung tragen die Gesamtkonstruktion. Zweifel könnten bei der dünnen Außenschale aufkommen. Für sie gibt Brunelleschi Gründe an: Sie sei als Schutz gegen die Witterung gedacht und diene der größeren Schönheit. Aber im Zusammenhang mit den übrigen Gliedern muß man ihre Funktion vielleicht doch noch anders beurteilen – sie auch als «mittragend» ansehen. Der Verbund von Gewölbekappen und Rippen jedes Feldes erscheint symmetrisch auf allen acht Seiten. Er ist aber in seiner Ausführung von unten nach oben nicht gleich. Wir können drei Stufen in der Ausbildung des Mauerwerks unterscheiden:

1. Um die Gewölbe auf einen gut in sich verklammerten Ring setzen zu können, der sich um das Oktogon schließt (wegen des möglichen Seitenschubes am Fuß der Kuppel), wird das Mauerwerk massiv in Kalk-Sandstein («pietra forte») bis in eine Höhe von ca. 3,50 m aufgeführt, von der dritten Innengalerie (G3) bis zum ersten Umgang (U1). Die Blöcke und Stoßfugen dieses Mauerverbandes sind im rechten Winkel zu den geraden Seiten angeordnet. 1,02 m über G3 beginnt innen die Wölbungslinie; außen ist die Wölbung durch die vertikale Bruchsteinverkleidung verdeckt, auf die später die Marmorgalerien gesetzt werden sollten.

2. Ab U1 beginnt sich das gesamte Mauerwerk zusammen mit den hier ansetzenden Pfeilern radial auszurichten: die Flanken der Pfeiler und die Stoßfugen des Mauerwerks, das durch Schalen und Pfeiler durchbindet, weisen auf die vertikale Mittelachse der Kuppel. Wenig über U1 macht sich auch die Neigung der Horizontalschichten bemerkbar, die auf den Schnittpunkt des Wölbungsradius mit der Ebene des Kuppelfußes gerichtet sind – auf den Punkt des «quinto acuto». 2,50 m über diesem ersten Umgang (also schon 6 m über der Oberkante des Tambours) wechselt das Material: aus Gewichtsgründen (Programmverbesserung von 1422) wird statt Kalk-Sandstein ab hier Ziegel für die Schalen und Pfeiler verwendet.

3. Ab dem zweiten Umgang (U2) erscheint eine weitere Besonderheit im Mauerverband: der Fischgrätverband («spinapesce»). In die Horizontalschichten werden Ziegel senkrecht gesetzt, so, daß sie vertikal durch vier Schichten binden. Dadurch entstehen schräge Bänder, die in etwa 1,20 m Abstand parallel und diagonal durch das Mauerwerk aufwärts laufen.

Die verbindenden Glieder

Die Stein-Ringanker («cerchi di forti macigni lunghi»)

Sechs Stein-Ringanker umschließen wie Gürtel das Kuppelsystem: dreimal je zwei miteinander verbundene Ringe starker, langer macigno-Balken.

Die erste Lage dieser Steinketten liegt unmittelbar über G3, also im massiven Mauerwerk am Fuß der Kuppel. Das System besteht aus zwei Reihen macigno-Steinbalken von je 2,63 m Länge und quadratischem Querschnitt von 0,44 m. Diese sind wie Eisenbahnschienen auf die Schwelle querlaufender macigno-Balken gleicher Stärke aufgesattelt. Die Ringanker sind also «afforzati con macigni lunghi per lo traverso», verstärkt durch lange macigno-Querbalken. Jeder Balken ist mit dem nächsten durch verzinnte Eisenklammern verbunden –

«bene sprangati di ferro stagnato». Über den Reihen liegen laut Programm (am Bau nirgends sichtbar) «catene di ferro» – Eisenketten. Die Querbalken dieses untersten Systems im massiven Mauerwerk sind wie dieses selbst noch rechtwinklig zum Wandverlauf ausgerichtet. Ihre zwölf Köpfe ragen auf den sieben nicht mit der Galerie verkleideten Seiten aus der Bruchsteinverkleidung am Kuppelfuß heraus.

Die zweite Doppelkette ist wie die erste ausgebildet und liegt auf Höhe des zweiten Umganges. Allerdings liegt jetzt der eine Ring in der äußeren Schale, der andere in der inneren. Überdies sind die macigno-Querbalken gemäß dem oben beschriebenen Mauerwerk in dieser Höhe radial und schichtenschräg ausgerichtet.

Die dritte Doppelkette liegt, entsprechend den ersten beiden ausgeführt, auf dem Niveau des dritten Umganges (U3). Wegen des hier deutlich schmäleren Feldes finden sich nur noch neun Querbalken pro Seite. Auch liegt das System offenbar wieder waagerecht, nicht in der hier schon außerordentlich schrägen Position der Ziegelschichten.

Der Kastanien-Ringanker («catena di quercia e grossa»)

4,65 m über U1 finden wir den einzigen von vier ursprünglich geplanten Holzringen, der angebracht wurde. Die Balken, drei pro Seite, also insgesamt vierundzwanzig, sind ca. 4,60 m lang und etwa 30 x 35 cm stark. Der Gürtel läuft ringförmig um die innere Kuppel, liegt also nicht parallel zu den geraden Seiten, sondern streift im mittleren Feld jeder Flanke die äußere Schale und zieht in den Randfeldern nach innen. Als Aufgabe des Ringes nennt das Programm: «Che legano i … sproni e cingano la volta dentro – damit sie die Pfeiler verbinden und die innere Wölbung umgürten».

Die Horizontalbögen

An die Stelle der ursprünglich geplanten Tonnengewölbe zwischen den Schalen treten neun Reihen horizontaler Bögen, die jeweils die Zwischenpfeiler stärker an die Eckpfeiler binden sollen, aber auch die äußere Schale mit den Eckpfeilern verbinden. Durch diesen Verband werden die acht Ecken der Kuppel besonders verstärkt: Jeder Hauptpfeiler bildet mit den beiden ihn flankierenden Nebenpfeilern einen stabilen Winkel, ein vertikales Gerüst, in dem die Lasten der Kuppel senkrecht nach unten geleitet werden können in die acht Ecken des

Ringanker-Systeme

Die «sphärische Anordnung» des Holzbalken-Ringankers zwischen U1 und U2

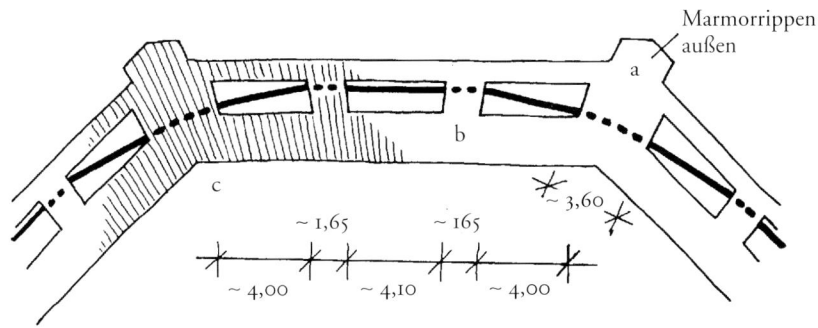

Marmorrippen
außen

a

b

c

~ 3,60

~ 1,65   ~ 165

~ 4,00   ~ 4,10   ~ 4,00

a. Die Eckpfeiler (sproni)
b. Die Zwischenpfeiler (sproni intermedi)
c. Das durch Pfeiler und Schalen «durchbindende» Mauerwerk

Das «Schienen-Schwellen-System» der sechs macigno-Stein-Ringanker

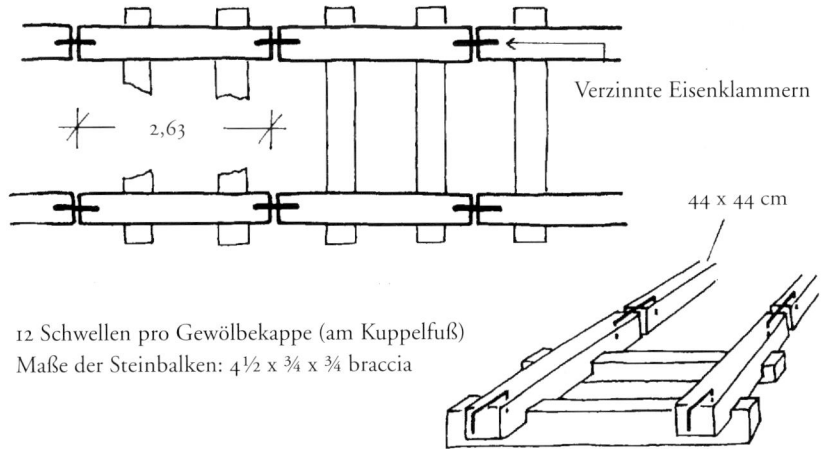

Verzinnte Eisenklammern

2,63

44 x 44 cm

12 Schwellen pro Gewölbekappe (am Kuppelfuß)
Maße der Steinbalken: 4½ x ¾ x ¾ braccia

Tambours, die nicht durch das Rundfenster geschwächt sind, und in die mächtigen Vierungspfeiler des Oktogons. Die Bögen in ihrer verbindenden Ringfunktion – die in anderem Zusammenhang noch betrachtet wird – dienen hier der «gotischen Komponente» der Kuppel: dem in das Ganze eingefügten Rippengewölbe. Aus ihrer Form und der Lage der Ziegel in ihnen könnte man darüber hinaus vermuten, daß sie auch dazu gedacht waren, das Gewicht der äußeren Schale besser auf die Eckrippen zu übertragen. Zwischen U2 und U3 liegen vier Reihen solcher Bögen, oberhalb U3 fünf Reihen. Die Breite dieser Bögen beträgt etwa 70 cm; ihre Flanken sind konkav ausgebildet.

In den mittleren Feldern der Kappen findet sich keine Spur von ihnen – sehr unterschiedliche Gründe sind dafür denkbar. Saalman argumentiert, daß vielleicht ursprünglich geplant war, die vertikal über die inneren Schalen laufenden Treppen hinauf zum Schlußring schon bei U2 beginnen zu lassen; dafür habe man «Kopffreiheit» gebraucht. Ein statischer Grund könnte sein, daß Brunelleschi das mittlere Feld nicht zu stark fixieren wollte, damit ein «Arbeiten» der Kuppel unter thermischen Einflüssen möglich war, wie das heute auch der Fall ist: Die Risse bilden sich nur in den statisch entlasteten Mittelfeldern der Gewölbekappen.

Der oktogonale Schlußring

kann als der vierte Macignoring angesehen werden. Allerdings verklammert er nicht, sondern verspannt als Keil die vierundzwanzig Pfeiler und die Kappen des Gewölbes. Im System des Schlußringes münden die acht Treppen über das obere Drittel des Gewölbes. Die Laterne darüber versteift mit ihrem Gewicht die Verspannung des Schlußringes.

«Dynamische Prinzipien» in den Ausführungen

Die sphärische Anordnung

Brunelleschi konnte nur hoffen, die statischen und die technisch-konstruktiven Probleme einer Einwölbung ohne Lehrgerüst zu lösen, wenn es ihm gelang, die Nachteile eines oktogonalen Kappengewölbes, die sich durch die enorme Größe des Ganzen steigerten, zu überwinden. Das war nur möglich, wenn er dieses achtseitige Gebilde behandelte, als ob es eine Rundkuppel wäre, oder, mit ande-

Lage und Form der neun Horizontalbögen

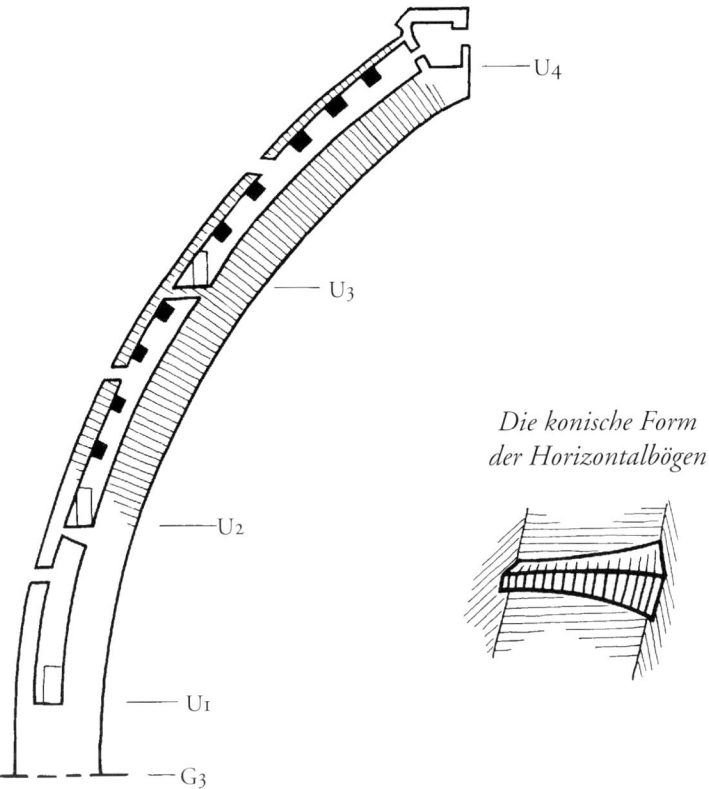

*Die konische Form
der Horizontalbögen*

*Die tragende Eckbastion
aus den drei miteinander verbundenen Pfeilern*

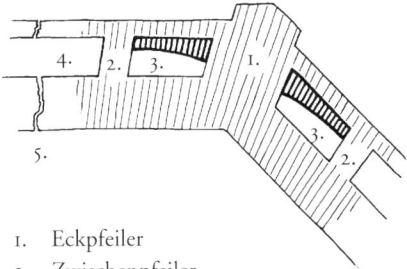

1. Eckpfeiler
2. Zwischenpfeiler
3. Lage der Horizontalbögen
4. Von Bögen freies Mittelfeld
5. Geplante Dehnungs-Bruchzone

ren Worten, wenn er alle Baumaßnahmen und Glieder so anordnete, daß zusätzlich zur «gotischen Konstruktion» der Rippen und Pfeiler, die einen großen
Teil der Last nach unten führte, die stabilisierende Wirkung einer im horizontalen Querschnitt kreisrunden Kuppel erreicht wurde. Seine Zeitgenossen, die
zuerst skeptisch und dann immer staunender das «Wunder» betrachteten, das
über ihren Köpfen wuchs, haben auf nichts so oft hingewiesen wie auf das allen
unfaßliche Bauen «sanza armadura». Es ist deshalb verständlich, daß Leon Battista Alberti, der 1428 aus der Verbannung nach Florenz zurückkehrte und die
Kuppel nahe der Vollendung sah, als beginnender Architekturtheoretiker zu
verstehen versuchte, wie diese Kuppel konstruktiv zu deuten sei. Einzelne Sätze
in seinem Werk über die Architektur «De re aedificatoria» weisen auf diese
zentrale Frage hin: «Ein polygonales Kappengewölbe kann ebenfalls ohne Lehrgerüst errichtet werden, wenn ein Rundgewölbe in seiner Dicke enthalten ist»
(Buch III, Kap. 14). Das heißt, daß laut Alberti die entscheidende Dimensionierung eines oktogonalen Kappengewölbes nicht vom Maß entweder durch die
Ecken oder durch die Mitte der Schalen bestimmt wird, sondern durch die
Frage, ob in der Gesamtstärke des zweischaligen Systems die Gewölbedicke
einer Rundkuppel enthalten sei, die in sich tragfähig wäre. Diese theoretische
Überlegung Albertis kann nicht als bewiesener statischer Lehrsatz genommen
werden; sie zeigt uns aber den Weg, den Brunelleschi ging. Denn ihn, der
souverän in der Praxis das Unmögliche möglich machte, versuchte der Theoreti-
ker anschließend zu verstehen: Alle Maßnahmen mußten darauf zielen, dem
Kappengewölbe die Eigenschaften eines sphärischen Gebildes zu verleihen. Wir
finden eine Reihe solcher Maßnahmen:

1. Wir haben weiter oben gesehen, daß vom Beginn des zweischaligen Systems
an alle Bauglieder (Pfeiler, Zwischenpfeiler, Querbalken, Ringanker) radial auf
die Mittelachse des Gewölbes ausgerichtet werden; dieser Anordnung folgt auch
das Mauerwerk in seinen Stoßfugen. Nicht der äußerlich sichtbare Verlauf der
Kappen, der im horizontalen Schnitt gerade ist, bestimmt das «Verhalten» der
Bauglieder, sondern die unsichtbare sphärische Form einer gedachten Rundkuppel, in die sie eingeordnet werden.

2. Daß ab U1 die Lage der waagerechten Schichten schräg auf den Mittelpunkt
der Wölbungskurve hin ausgerichtet werden mußte, wurde ebenfalls schon erwähnt. In der Praxis wurde das dadurch erreicht, daß «alle fünfzehn Schichten
sich eine in der Dicke der inneren Schale verliert, nach der Innenseite hin; das
erleichtert die Konstruktion, ohne sie zu schwächen, und erlaubt, die Schichten
von jeweils 80 cm Höhe mit gleicher Neigung zu mauern, die entsprechend alle
80 cm korrigiert wird ... so wurden auch in der aufsteigenden Richtung Keile

gebildet, zusammengesetzt aus Blöcken von je fünfzehn Ziegelschichten.»[20] Ein besonderer Vorzug dieses Verfahrens lag in der Vereinfachung des Einmessens.

3. Strebt der Baumeister das Ideal einer kreisrunden Kuppel an, so muß das vom quinto-acuto-Punkt aus die Lagen einmessende und mit gleichbleibendem Höhenwinkel die Schichten entlang streichende Seil so von Ecksporn zu Ecksporn laufen, daß es jeweils auf einer Kreislinie wandert, die waagerecht das Achteck außen umschreibt. Es folgt daraus, daß die Kappen, die Sekanten dieses Kreises sind, konisch angeschnitten werden. Der Betrachter versuche, sich in der schwierigen Vorstellung dieses Tatbestandes zu üben; er wird ihn dann am Bau durch Beobachtung bestätigt finden, vor allem beim Durchqueren der Eckpfeiler. Diese konische Schichtenlage wirkt sich in einem konstruktiv sehr heiklen Punkt besonders günstig aus: in den Pfeilern. In anderem Zusammenhang wird diese Tatsache noch etwas ausführlicher zu besprechen sein.

4. In der neueren Literatur ist die Bedeutung des Fischgrätverbands stark betont worden im Zusammenhang mit einer Zeichnung von Antonio da Sangallo, die eine solche Anordnung zeigt mit dem Zusatz: «Kuppelgewölbe aus Ziegelsteinen, wie es in Florenz ohne Armierung gemauert wird.» Es ist sicher richtig, im Fischgrätverband, der innerhalb der Kuppel horizontal wirkende Kräfte aufnehmen und verteilen kann, eine der verschiedenen Maßnahmen zu sehen, die dem oktogonalen Gewölbe den Charakter eines sphärischen Gebildes verleihen. Der spiralig-konzentrisch zum Schlußring hin laufenden Anordnung der Fischgrätbänder bei Sangallo entspricht allerdings die der Brunelleschi-Kuppel nicht; ihre Bänder laufen parallel. In der Folge wird auch von diesem speziellen Mittel und seinem genauen Zweck noch zu sprechen sein.

5. Im Programm weist die Angabe zu den geplanten Balkenringen – «daß sie die inneren Gewölbe umgürten» – schon deutlich auf das hin, was der Augenschein am Bau zeigt: Die Balkenkette selbst ist so angelegt, daß sie nicht oktogonal der geraden Linie der Kappen folgt, sondern fast kreisförmig um die Ecksporne läuft. Auch hier wird die sphärische Form angestrebt.

6. Das gleiche gilt für die Anordnung der neun Reihen Horizontalbögen oberhalb U2. Sie sind gedacht als «perfectione del cerchio che gira intorno la cupola di fuori – zur Vervollkommnung des Ringes, der rund um die äußere Kuppel läuft», bilden also einen weiteren Bestandteil des alle Bauglieder durchdringenden Rundkuppelprinzips. Das Fehlen eines auch nur flachen Bogens im Mittelfeld stört allerdings dieses Prinzip. Sind die Bögen hier «mit ihren Scheiteln in die Mauerdicken der Außenkuppel versenkt»?[21]

Das Zusammenbinden aller Teile

Mit dem Prinzip, den Kuppelbau wie ein sphärisches Gebilde zu behandeln, um so die Nachteile der oktogonalen Form zu überwinden, hängt eng ein anderes zusammen, das Saalman eine «biologische Komponente» nennt. Es ist die im Programm immer wieder erwähnte Forderung, alle Bauglieder gut miteinander zu verbinden. Selbstverständlich waren auch der antike oder der gotische Baumeister bemüht, die für die Statik ihrer Gebäude wichtigen Teile gut zu verbinden. Das wiederholte «legano insieme», «bene sprangati», «che legano i decti volti» weist aber noch auf eine andere Nuance hin. Der Verlauf der Kräfte ist in Brunelleschis Kuppel mit einem einfachen Ursache-Wirkung-Denken, wie es in der Gotik gehandhabt wurde, nicht mehr zu verstehen. In ihrem statischen Verhalten ist sie so kompliziert, ihre Auflage auf dem geschwächten, relativ dünnen Tambour so heikel, daß die möglicherweise entstehenden Horizontal- und Seitenschub-Kräfte im vielgliedrigen Gebilde der Kuppel selbst zusammengebunden und miteinander verknüpft werden mußten; es durfte kein nennenswerter Seitenschub am oberen Mauerring des Tambours ansetzen. Zugleich aber war eine zweischalige Kuppel nur dann sinnvoll, wenn die zwei Wände, die für sich genommen zu dünn wären, um tragfähig zu sein, wie bei Wellpappe so fest zu einem zweischaligen Wandsystem verbunden wurden, daß jeder Teil die Tragfähigkeit des anderen erhöhte, daß der eine den anderen versteifte. «Von einem theoretischen Standpunkt aus gesehen nehmen die macigno-Querbalken, die die parallelen Steinketten miteinander verbinden, an einem fundamentalen Struktur-Prinzip teil, das alle Abschnitte des Kuppelprogramms durchdringt und das zuletzt seinen höchst bestimmten Ausdruck in den Verbesserungen (des Programms) von 1426 findet, nämlich, daß alle tragenden Glieder des Baus verbunden werden sollten (‹legati insieme›) durch verbindende Teile in engem Verbund, aber weder theoretisch noch praktisch unter Spannung. So war es Aufgabe der Pfeiler, die innere und die äußere Schale zu verbinden, während die Holzringe unter den Tonnengewölben die Pfeiler verbinden sollten. Pfeiler und Schalen sollten in durchlaufendem Verband errichtet werden. Die Steinbalken des Ringankers sollten gut miteinander verklammert werden durch Eisenanker.»[22] Alberti, der auch hier als theoretische Lehre wiederzugeben versuchte, was erfolgreiche Praxis in Brunelleschis Bau geworden war, geht noch einen Schritt weiter, indem er die Glieder des Baus und ihre Verbindungen mit dem Bild des natürlichen Organismus erklärt. Besonders beim Errichten von Gewölben ohne Lehrgerüst sei das Verknüpfen zu beachten: «Denn in diesem Fall sind Verbindungen (‹nexura›) nötig, so stark wie möglich, durch die die schwächeren Teile fest mit den stärkeren verbunden werden … Zuletzt, in allen Teilen des Gewölbes, welcher Art es auch sei, laßt uns die Natur nachahmen, die Knochen mit Knochen verbindet und das Fleisch mit den Sehnen, indem sie Verbindungen (‹nexura›) knüpft in allen Richtungen, in die Länge, die Breite, die Tiefe und schräg. Ich glaube, daß wir dieses Werk der Natur nachahmen sollten, wenn wir Steine aufeinanderfügen, um Gewölbe zu bauen» (De re aedificatoria, Buch III und XIV). Als unmittelbarer, lebendiger Eindruck spiegelt sich das für die Zeitgenossen so staunenswerte «Verbinden» in Manettis Brunelleschi-Biographie: «Mit wunderbarer Kunstfertigkeit band er die äußere Kuppelschale an die innere, da es zwei Gewölbe sein mußten, und wir finden da viele macigno-Steine, die quer gesetzt wurden, mit vielen ineinandergreifenden Lagen und Verbindungen.»[23]

Die kontinuierliche Verminderung aller Bauglieder

Hat man den organischen Gedanken, der dem Bau zugrunde liegt, einmal erfaßt, so versteht man, daß die Bauglieder auch in ihrer Proportion zum Ganzen oder zu einzelnen Stufen des Ganzen richtig sein müssen. Dazu gehört, daß sich die tragenden Glieder nach oben hin verjüngen. Allein viermal taucht im Programm die Anweisung auf, die Teile «piramidalmente» zu behandeln: bei beiden Schalen, den vierundzwanzig Pfeilern, den Marmorrippen. Aber auch die Ringankersysteme sollten sich von enormen zu bescheidenen Dimensionen abstufen, und selbstverständlich sollte das Material in seinem spezifischen Gewicht abnehmen durch den Wechsel von Sandstein zu Ziegel. (Während der Wechsel des Materials in der Baupraxis viel früher, als im Programm vorgesehen, vorgenommen wurde, wurden die im Programm abgestuft dimensionierten macigno-Ketten von Beginn an auf einen Querschnitt von 44 cm im Quadrat reduziert, und die Marmorrippen erfuhren eine insgesamt andere Gestaltung.)

Die gleichmäßige Anordnung

Mit dem Gedanken der richtigen «organischen» Proportionierung aller Teile verknüpft sich der andere der «gleichmäßigen Verteilung» der Glieder im Ganzen. Die Zwischenpfeiler teilen die Flanken zwischen den Eckpfeilern in gleiche Abschnitte. Die Querbalken der Steinketten sind regelmäßig angeordnet. Im Höhenaufbau gliedern die beiden mittleren Umgänge die gesamte Kuppelhöhe von der Oberkante des Tambours bis zum Schlußring in gleiche Drittel, in die sich die Ringanker fügen. Die neun Horizontalbögen zwischen zweitem Umgang und Schlußring sind gleichmäßig verteilt, und auch die folgenden Holzringe und die Tonnengewölbe hätten, wenn sie ausgeführt worden wären, gleichmäßige Abstände erhalten. In diesen beiden letzten Prinzipien kündigt sich der Gedanke der «concinnità» an, der dann in den Gebäudegliederungen der Renaissance eine so große Rolle spielen sollte, daß nämlich alle Teile und Gliederungen in ihren Maßen harmonisch ineinander klingen, in der Größe aufeinander abgestimmt sein sollten.

Das Material

«Die toskanischen Baumeister des 14. und 15. Jahrhunderts waren ungewöhnlich glücklich, was das Material betraf, das ihnen zur Verfügung stand.»[24] Saalman schildert den Reichtum an Hausteinen und Marmor; die Ziegelhersteller, die durch Jahrhunderte Erfahrung hatten; den Holzreichtum der Wälder oberhalb Pistoias und im Casentino, wo die Dombauhütte eigene Forste besaß; die bedeutende Industrie von Schmelzöfen und Schmieden, die das Erz von Elba und den «colline metallifere» (den Erzbergen) um Massa Marittima verarbeiteten. Diese Bedingungen waren überaus günstig für den Bau der Kuppel. Dennoch mußte Brunelleschi auf vier grundsätzliche Anforderungen achten, die sich aus der Größe und den statischen Schwierigkeiten ergaben: auf die Leichtigkeit und auf die Normbarkeit des Materials, auf seine Zugfestigkeit und auf eine insgesamt hohe Qualität.

Er mußte für den größten Teil der Kuppel – vor allem den oberen – Material finden, das leicht war, um den Gewölbeschub und die Last auf die Unterkonstruktion gering zu halten; das am Bau zeitsparend zu verarbeiten war, außerdem in sich fest und hohem Druck gewachsen. Ziegel (mattoni) entsprachen dieser Anforderung am meisten. Das Verhältnis von Gewicht und Festigkeit konnte durch einen guten Brennprozeß ideal gesteigert werden bis zu Klinkerqualitäten. Ziegel waren aber auch günstig, was die Forderung nach Normbarkeit betraf. Sie waren leicht an die Bedürfnisse eines Mauerwerks anzupassen, das, um schon während der Bauphase selbsttragend zu werden, in seinem Verband und der Schichtung kompliziert gestaltet werden mußte. Da es relativ wenige Grundtypen gab (zum Beispiel quadroni und mezzani – quadratische und rechteckige Form), konnte man bei den Ziegeleien zeitig im voraus bestellen. Spezialanfertigungen waren rasch auch in größeren Mengen verfügbar. Die

Bücher der Opera weisen Abrechnungen über Millionen mattoni aus. Diesen Vorteilen gegenüber mußte der andere leichte Stein, Tuff, der im Programm als mögliche Alternative zu Ziegeln genannt wird, ausscheiden, obwohl er billiger war. Tuffstein hätte man überdies weitgehend bearbeiten müssen, teilweise sogar keilförmig, um die zunehmende Neigung der Schichten zu erzeugen. Eine Sonderform, die Dachziegel, ließ Brunelleschi unter Einschluß von Stroh formen und brennen, um ihr Gewicht zu verringern.

Bei der Konstruktion seiner Kuppel rechnete Brunelleschi zum erstenmal in größerem Stil mit Material, das Zugkräfte aufnehmen kann. Dafür kam im engeren Sinn nur Eisen in Frage. Die Schwierigkeit war, es in großen Mengen, guter Schmiedequalität und korrosionsfest zur Verfügung zu stellen. Das Wort «stagnato» im Bauprogramm weist auf den Versuch hin, die Eisenkrampen, die die macigno-Blöcke der Stein-Ringanker verbinden, durch Zinn oder Blei korrosionsbeständig zu machen. Moderne Untersuchungen mit Metalldetektoren haben große Mengen solcher Eisenklammern festgestellt – offenbar in gutem Zustand.[25] Eine eigene Schmiede, die auf alle Sonderwünsche Brunelleschis eingehen konnte, gehörte zur Dombauhütte.

Macigno, ein quarz- und glimmerreicher Sandstein verschiedener Körnung, der für die Ringanker verwendet wurde, kann zwar naturgemäß keine sehr hohen Zugkräfte aufnehmen, weist aber eine erhebliche Druckfestigkeit auf. Er ist gut zu bearbeiten. In Verbindung mit den Eisenklammern scheint er seine Schuldigkeit in den Ringankern getan zu haben, ebenso in der Verwendung für Türstürze und überall da, wo die innere und die äußere Kuppel miteinander verbunden sind, zum Beispiel durch die Querbalken unter den Umgängen. Auch die zweiundsiebzig Rundfenster außen sind aus macigno geformt.

Pietra forte, ein feinkörniger gelbbrauner Kalk-Sandstein, bildet das beim Dombau überwiegend benutzte Baumaterial; beim Bau der Kuppel wird er bis 2,50 m über UI verwendet. Er hat eine beträchtliche Festigkeit und «Elastizität». Wir sehen ihn die Wände und Gänge in den Pfeilern, im Tambour und an dem Fuß der Kuppel bilden.

Die Qualität des Marmors wurde schon in den Steinbrüchen geprüft – zahlreiche Reisen Battistas und Brunelleschis zu diesem Zweck sind dokumentiert –, damit nur einwandfreie Blöcke ohne verborgene Risse auf den kostspieligen Transport geschickt wurden. In großem Maße wurde Marmor allerdings erst beim Bau der Laterne und der Verkleidung der acht Eckpfeiler verwendet.

Trotz eigener Waldungen war es offenbar über Monate nicht möglich, die im Programm vorgeschriebenen großen Eichenbalken für den Holzringanker zu finden. Kastanie mußte an ihre Stelle treten. Da ohne Lehrgerüst gemauert wurde, konnte Brunelleschi Holz sparen. Verschiedene besonders feste Holzarten sind uns für den Bau seiner «Maschinen» dokumentiert.

Was schließlich die Materialkontrolle betrifft, hören wir von anfänglich häufigen Schwierigkeiten mit der Qualität der Ziegel: Ganze Lieferungen wurden abgelehnt. Offensichtlich ordnete Brunelleschi schärfste Überprüfungen an und schied Ziegel zweifelhafter Güte sofort aus. – Einem unscheinbaren Material scheint er wegen seiner entscheidenden Bedeutung für die Festigkeit des Mauerwerks höchste Aufmerksamkeit gewidmet zu haben: dem Kalk. Offenbar überwachte er die Qualität des Kalks bis zum Brennprozeß hin. Moderne chemische Untersuchungen[26] ergaben, daß bei der Kuppel schnellbindender Mörtel verwendet wurde – für das Gewölbe «sanza armadura» von entscheidendem Vorteil! Manettis Biographie gibt auch hier ein anschauliches Bild dafür, wie Filippo sich um die Güte des Materials kümmerte: «Es gab dort keinen Stein oder Ziegel, den er nicht kontrollierte, um zu sehen, ob er sich in einem guten Zustand befände, gut gebrannt und gesäubert. Darauf hat man später keine Aufmerksamkeit mehr verwendet, heute gilt nur, was ökonomisch zu sein scheint, und man verwendet sogar Steine aus dem Fluß und ungebrannte Backsteine und anderes unzuverlässiges Material. Er sorgte sich besonders um die Mischung des Mörtels, und er ging persönlich zu den Ziegelbrennereien, um sich die Steine anzusehen und den Brennvorgang, die Mischung von Sand und Kalk und alles, was sonst noch dazu gehörte. Er schien auf jedem Gebiet ein Fachmann zu sein.»[27]

Einzelne Funktionen

Steigt man immer wieder mit aufmerksamem Blick auf die Kuppel, so wird man eine Reihe von scheinbar nebensächlichen Funktionen bemerken, deren Durchführung am Bau fast selbstverständlich erscheint, die aber bei näherer Betrachtung zeigen, wie praktisch und sorgfältig Brunelleschi den Bau bis in Feinheiten seines Organismus gestaltet hat.

Der Zugang zur Kuppel

Schon am Anfang des Programms, nachdem die zwei Schalen beschrieben sind, wird der Raum, der sich zwischen ihnen ergibt, erwähnt: « ... nel quale vano si mectono le schale per potere cercare tutto tra l'una cupola e l'altra – in diesem

Zwischenraum werden die Treppen untergebracht, so daß alle Dinge zwischen der einen und der anderen Kuppel erreicht werden können.» In einem Nebensatz umreißt Brunelleschi diese Notwendigkeit, alle Teile der Kuppel leicht begehbar zu machen, was sowohl für den Bauvorgang als auch für das fertige Gebäude von eminenter Bedeutung war.

Als Zugänge zu der untersten Galerie G1 im Kircheninneren wurden geräumige Wendeltreppen in den westlichen Pfeilern angelegt, die vom Kopf der Pfeiler in den Wänden des Oktogons weiterführen bis zur zweiten Galerie am Fuß des Tambours. Durch diesen zieht eine engere Wendeltreppe in der Südostwand nach oben, zur Oberkante des Tambours. Ab hier mußte der Treppenaufgang für Brunelleschi zum Problem werden. Eine einschalige Kuppel, wenn konstruktiv überhaupt denkbar, hätte unlösbare Schwierigkeiten bereitet, da ein Zugang zur Laterne bei ihr frei über die Außenseite hätte laufen müssen, wie es im oberen Teil der Baptisteriumskuppel der Fall ist. Aber auch die gute Lösung, die die zweischalige Kuppel bot, war nicht ohne Nachteile. Mußten doch an ihrem Fuß für die Anlage des Treppenaufgangs das Ringankersystem durchschnitten, weiter oben zweimal die Außenschale ausgespart und verschiedene macigno-Querbalken durchtrennt werden. Auch die Durchgänge durch die Pfeiler (die diese schwächen) ergeben sich aus der Notwendigkeit, alle Teile zu erreichen. Doch zusammen mit den drei horizontalen Gängen U1 bis U3 und dem Gang im Schlußring, die rund um die Kuppel führen, ermöglicht die vom Südostfeld ins Westfeld emporziehende Treppenanlage – das einzige unsymmetrische Bauglied der Kuppel! – eine geradezu ideale Begehbarkeit aller Teile. Nicht nur der Aufstieg zur Laterne war damit möglich, sondern auch die Reparatur und Kontrolle an jedem Punkt des Gebäudes. Ab U3 war die Neigung der Kuppel nach innen so stark, daß alle acht Felder eine vertikal nach oben zum Schlußring führende Treppe auf dem Rücken der Innenschale bekommen konnten. Die Gediegenheit und relative Geräumigkeit, in der die ganze Anlage samt den Umgängen ausgeführt ist, zeugt nicht nur von einer Vorsorge für künftige Reparaturen, sondern auch von dem unschätzbaren praktischen Wert, den diese Zugänge während des Bauprozesses selbst hatten: Bis weit hinauf konnte man von dem sicheren Zwischenraum und seinen Treppen und Gängen aus mit leichten Gerüsten arbeiten, Material transportieren und den Verkehr der Menschen bewältigen. Da der Baumeister die Treppenkurve von U1 bis U3 durch drei Felder der Kuppelsüdseite legte, waren sie auch in der dunkleren Jahreszeit ausreichend belichtet. Sicher hat Brunelleschi all diese Zwecke bei der Konstruktionsplanung mit bedacht und auch den Innenraum so bemessen, daß alle Funktionen möglich waren.

In der Programm-Ergänzung von 1426 werden die Treppen noch einmal erwähnt. Es wird bestimmt, die Horizontalbögen so zu planen, daß sie nach
Vollendung des Baus entfernt werden könnten, «se mai paresse che detta aggi-
unta ... impedisse l'andito e schale – wenn je diese Zufügung ... den Zugang
oder die Treppen behindern sollte». Außerdem werden im Zusammenhang mit
Überlegungen, das Kuppelinnere mit Mosaiken auszukleiden oder überhaupt
den Zugang zum Inneren der Kuppel zu ermöglichen, auf Höhe des zweiten
und dritten Umgangs von jeder Kappenmitte aus kleine Gänge mit Rundfenstern vorgesehen. In jedem vertikalen Schnitt durch die Kuppel, der durch die
Mitte der Kappen geht, sind sie deutlich zu erkennen.

Belichtung und Lüftung

Die acht Gewölbekappen sind in ihrer Länge durch die Zwischenpfeiler in je
drei schmale Felder unterteilt. Die drei Umgänge gliedern das Ganze der Höhe
nach in drei Stockwerke. Daraus ergeben sich zweiundsiebzig Innenräume, die
der Belichtung bedürfen. Diese Belichtung mußte selbstverständlich durch
Fenster in der Außenhaut erfolgen. Die ideale Lösung waren zweiundsiebzig
Rundfenster, aus je einem im Querschnitt quadratischen, massiven Steinblock
gehöhlt, in der Öffnung knapp 1 Elle weit – groß genug, die Räume zwischen
den Schalen ausreichend zu erhellen. Auch für diese Fenster wurde ein kleiner
«Wettbewerb» ausgeschrieben, den Brunelleschi mit seinem «design» gewann.
Am Fuß der Kuppel scheint diese große Lösung aber nicht genügt zu haben.
Eine Reihe kleinerer, etwa quadratischer Horizontalschächte (von ca. 35 x 45 cm
Durchmesser) übereinander sorgt für zusätzliches Licht; sie sind aber in der
Ziegelverkleidung von außen kaum wahrzunehmen, da sie nicht durch einen
Sandsteinrahmen betont sind. Auch weiter oben, im Bereich des Treppenauf-
gangs, finden sich solche Zusatzfenster. Wahrscheinlich dienten die Schächte
sowie die Fenster noch einem weiteren Zweck: In ihnen konnte man während
der Bauarbeiten nach außen kragende Balken befestigen, die Gerüste auf der
Außenschale trugen.

Geht man an einem heißen Sommertag den Weg zur Laterne, so erlebt man,
daß die Zwischenräume wunderbar klimatisiert sind. War ein solcher Tempera-
turausgleich über die Lüftung durch die Fenster von Brunelleschi bewußt geplant? War er notwendig, um zu verhindern, daß sich die Schalen infolge der
sommerlichen Erhitzung allzu unterschiedlich ausdehnten und gefährliche
Spannungen entstanden? Die unteren Schächte sind für eine Klimatisierung

jedenfalls noch wichtiger als für die Belichtung, da ohne sie die Ventilation am Fuß der Kuppel stagnieren würde. Die kleinen Rundfenster, die die schmalen Innenräume der Kappen in der obersten Etage mit dem Gang des Schlußrings verbinden, weisen unbedingt auf diesen Zweck hin – zur Belichtung taugen sie nicht.

Alberti, der so oft Brunelleschis Ideen widerspiegelt, gibt auch hier einen Hinweis: «Und so wiederum wird es nützlich sein, das Dach mit einem anderen Dach zu bedecken ... damit die Teile im Schatten frisch und kühl bleiben; je weiter der Raum zwischen beiden, desto mehr werden die im Schatten liegenden Teile der Hitze widerstehen, so daß ein innerer Teil, in dieser Art überdeckt, sich weniger aufheizen wird als ein anderer. Der Hohlraum zwischen den beiden Wänden hat fast die gleiche Wirkung wie eine einzelne Wand gleicher Dicke. Er ist der dickeren Mauer sogar überlegen: Die massive Wand verliert langsamer die Hitze, die in ihr von der Sonne gespeichert wird, und bewahrt länger die Kälte, die sie aufgenommen hat, wogegen im doppelwandigen System immer eine gemäßigte Temperatur herrscht» (De re aedificatoria, X).

Heute, wo man mit feinsten Meßinstrumenten an den Rissen das Sich-Ausdehnen im Sommer, das Sich-Zusammenziehen der Schalen im Winter beobachtet, kann man mit Recht vermuten, daß Brunelleschi mit seinen Oculi, die der Belichtung und Belüftung dienen, die Notwendigkeit einer Klimatisierung für die Haltbarkeit der Kuppel erkannt hat.[28]

Das Regenwasser

Gleich zu Beginn des Programms wird als ein Zweck der äußeren Kuppelschale angegeben, sie schütze die innere vor der Feuchtigkeit («per conservalla dal umido»). Einige Absätze weiter lesen wir die Anweisung, «das Regenwasser von der Kuppel soll in eine Marmorrinne laufen, 1/3 Elle breit, und von dort in Öffnungen von pietra forte unter der Rinne». Diese in das waagerechte Marmorgesims am Fuß des Ziegeldaches eingetiefte Rinne ist von der Mitte der Felder zu den angrenzenden Eckpfeilern hin abgeschrägt. Dort wird das Wasser gesammelt und in Röhren innen im Mauerwerk der Ecksporne und dann des Tambours nach unten geleitet. Aufregende Tatsachen sind das nicht, aber sie zeigen, wie auch in einer so selbstverständlichen Maßnahme größte Sorgfalt und Bewußtheit waltet. Ein aufmerksamer Gang durch die Kuppel bestätigt das: Die runden macigno-Dachfenster sind mit einem speziell geformten großen halbrunden Ziegel ausgekleidet, der nach innen eine kleine Schwelle besitzt, und gleichzeitig etwas nach außen geneigt. Für den Fall, daß trotzdem Schlagregen eindringen sollte, sind die horizontalen Umgänge in jedem Gewölbefeld von den Eckpfeilern zur Mitte hin abgesenkt, um Regenwasser dort zu sammeln; in der Mitte führt ein Bleirohr den Regen durch die Außenschale. Oben auf der Plattform der Laterne sehen wir dieses System in der leicht geschrägten Marmoroberfläche an allen Seiten: Auch dort läuft das Regenwasser in der Mitte der Kappen ab. – Das einzige System zur Sicherung der Kuppel, das Brunelleschi noch nicht erfinden konnte, waren Blitzableiter. Mit furchtbarer Regelmäßigkeit trafen alle paar Jahrzehnte heftige Blitzschläge die Laterne und richteten große Schäden an.

Der Bauprozeß

Die Florentiner Zeitgenossen, die Brunelleschis Kuppelwölbung Jahr um Jahr wachsen sahen, haben vor allem zwei Dinge bestaunt: das Wölben ohne Lehrgerüst und die Maschinen und Kräne, die Brunelleschi erfand. Die «Wunder» der konstruktiven Lösung, der mathematischen und geometrischen Kenntnisse sowie die der Vermessungskunst werden nur wenigen bewußt geworden sein. Die sich immer mehr nach innen neigende Wölbung in schwindelerregender Höhe, die sich ohne Gerüst selbst trug, und die Winden, die täglich schwerste Lasten in enorme Höhen hoben, beflügelten die Phantasie der Menschen und begründeten den Ruhm des Baumeisters. Für uns heute mag noch erstaunlicher sein, wie Brunelleschi auch alle praktischen Mittel beherrschte, die seinen Ideen Lebenswirklichkeit gaben, und wie er sich den menschlichen Schwierigkeiten gewachsen zeigte, die eine solche Großbaustelle wohl täglich bereiten mußte. Wirft aber schon der Bau, den wir vor Augen haben und untersuchen können, manche kaum lösbare Fragen auf, so muß der Bauprozeß selbst, der vor über fünfhundertfünfzig Jahren abgeschlossen wurde, uns in vielem rätselhaft bleiben; denn nicht alle Hilfsmittel und Techniken lassen sich aus dem heutigen Baubefund und den dürftigen oder unklaren Berichten der Zeitgenossen erkennen. Die folgende Skizze möchte wenigstens auf einige Schlüsselfragen im Bauablauf hinweisen.

Die Maschinen

Eines der erstaunlichsten Ergebnisse der Forschung in den letzten zwanzig Jahren ist, daß wir die Maschinen, die Brunelleschi entwarf und anfertigen ließ und die den sicheren Bau der Kuppel in so kurzer Zeit erst möglich machten, bis ins Detail rekonstruieren und maßstabsgerecht nachbauen können. Die Winden und Kräne, die der «Dädalus» («Architectus arte daedalea ...» – Marsuppinis Grabinschrift für Filippo im Dom) für die Bauhütte erfand, waren offenbar so gut, daß sie, in ihren leicht verschleißbaren Teilen immer wieder repariert, über fünfzig, sechzig Jahre in Gebrauch waren bis zum endgültigen Abschluß des Dombaus. So konnten Buonaccorso Ghiberti (Lorenzos Enkel), Leonardo da Vinci, Giuliano di Sangallo und andere, die diesen Beginn moderner Ingenieurkunst bewunderten, die Geräte zeichnen und – so Leonardo – erfinderisch weiterentwickeln. Der Vergleich dieser Zeichnungen gibt uns heute ein klares Bild dieser Maschinen.[29]

Brunelleschi entwarf gleich zu Beginn der Arbeiten seinen großen Materialaufzug, da die alte Radwinde, die «ruota magna» von 1396, den um vieles größeren Dimensionen des Kuppelbaus nicht mehr gewachsen war. Bald folgte ein Kran, der gezielt und zentimetergenau schwere Lasten auf dem ausgesetzten Mauerwerk in Position bringen konnte. Für die Arbeit in den höheren Abschnitten des Baus entwickelte er 1432 einen Kran mit größerer Reichweite, der Lastenaufzug und genaue Positionierung miteinander verband. Für die beginnende Arbeit an der Laterne und die besonderen Anforderungen, die sie stellen mußte – engster Raum auf einem Rundgerüst, 90 m Aufzugshöhe vom Boden der Baustelle –, zeichnete er eine weitere kompakt konstruierte Winde, die mit einer stärkeren Übersetzung, von Menschen betrieben, 1442 auf dem Laternengerüst installiert wurde. 1445 folgte ein Drehkran für die Laterne.

Am meisten Eindruck machte den Florentinern der große Lastenaufzug, denn er stand mitten in der Vierung und war gut in seiner Tätigkeit zu beobachten. Diese Maschine mußte einer Reihe von Bedingungen gerecht werden. Als günstigster Antrieb standen Ochsen zur Verfügung, die große Kraft mit Unermüdlichkeit verbinden. Ihr Nachteil: Sie können nur in einer Richtung trotten (sie haben keinen «Rückwärtsgang») und leisten auch nur eine Geschwindigkeit (eine Tempoänderung für leichte oder schwere Lasten ist nicht möglich). Die Praxis am Bau forderte aber den Transport sowohl erheblicher Gewichte (beispielsweise der macigno-Balken für die Ringanker) als auch leichterer Lasten (Holzwerk und so weiter). Große Lasten konnten nur mit starker Untersetzung des Ochsenantriebs gehoben werden, was mit verminderter Geschwindigkeit

*Abb. 11: Der große Materialaufzug von 1420. Er ersetzte die alte Radwinde
(ruota magna) von 1396. Modell des Istituto di Costruzioni unter Salvatore
di Pasquale, Università degli Studi, Florenz.*

bezahlt werden mußte. Leichte Lasten sollten aber schnell und häufig auf die
große Arbeitsplattform am Kuppelfuß gelangen. Brunelleschi baute für diese
Bedingungen eine Winde, angetrieben von zwei Ochsen, mit einem Vorwärts-
und einem Rückwärtsgang und drei Seiltrommeln, die über ihren unterschiedli-
chen Umfang und eine Zahnradübersetzung drei verschiedene Geschwindigkei-
ten im Verhältnis 1 : 3 : 9 entwickeln konnte – bei umgekehrtem Verhältnis der
Kraftleistung und natürlich gleichem Trott der Ochsen. Besonders raffiniert
war, daß über ein Schraubengewinde unter dem Fuß der vertikalen Antriebsach-
se diese vom «Maschinisten» ohne Mühe gehoben und gesenkt werden konnte,

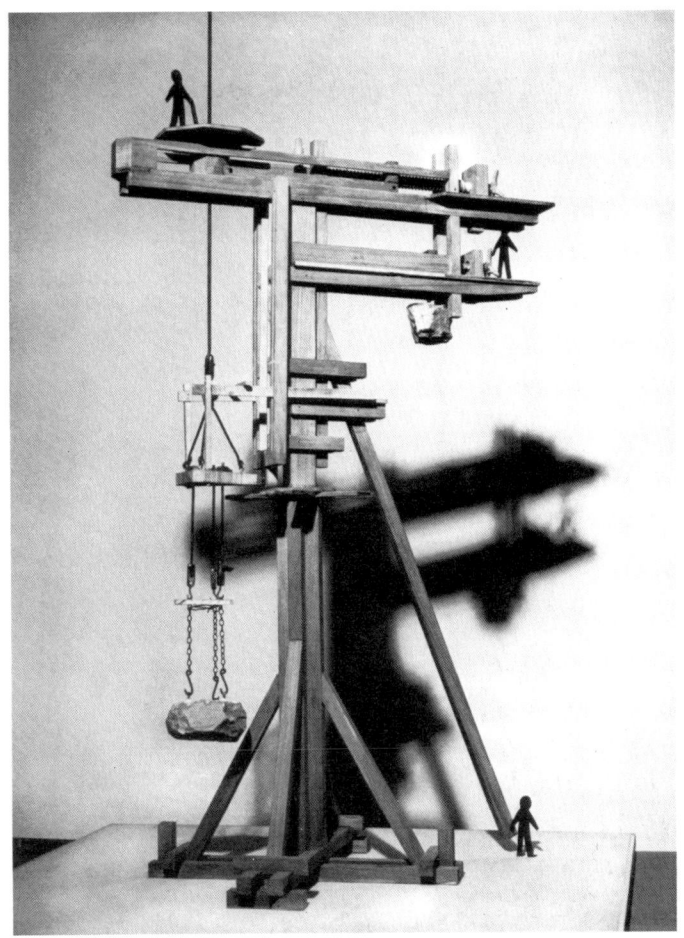

*Abb. 12: Der erste Kran von 1423. Er diente zur genauen Positionierung
schwerer Lasten auf dem Mauerwerk. Modell des Istituto di Costruzioni
unter Salvatore di Pasquale, Università degli Studi, Florenz.*

wodurch die zwei horizontalen Zahnräder auf der Achse wechselweise in die
Zähne des vertikalen Rades an der großen Trommel griffen: Ein Vorwärts-
Rückwärtsgang entstand bei gleicher Drehrichtung des Antriebs. Die Maschine
hatte beachtliche Ausmaße: Die Seiltrommeln waren 5 m lang; das Zahnrad an
der großen Trommel wie auch diese selbst maß 1,50 m im Durchmesser; die
Höhe des Gerätes betrug etwa 3 m. 1421 konnte die Arbeit mit dieser Maschine
beginnen. Im auf mehrere Meter Höhe angewachsenen Mauerwerk über der
großen Plattform waren Kragbalken mit Seilrollen montiert, über die die großen Seile der Winde liefen.

Mit dieser Winde und dem alten Kran begann der Bau der Kuppel. Bald zeigte sich, daß dieser den Anforderungen oben auf dem Bau nicht mehr genügte. 1423 reichte Brunelleschi seinen Entwurf für den neuen Kran bei der Dombaubehörde ein; im April begann die Montage; im Sommer war er einsatzbereit. Mit diesem Gerät, das zusätzlich zum alten, weiterhin verwendeten Kran eingesetzt wurde, ließen sich Lasten genau auf dem Mauerwerk plazieren. Die Steinblöcke hingen an speziellen schraubengesteuerten Hakenvorrichtungen (einige davon sind im Dommuseum zu sehen) unter einer vertikalen Eisenstange, die, mit einem Gewinde versehen, gehoben und gesenkt werden konnte. Dieser Hebemechanismus wurde über einen horizontalen Laufwagen mit einer Holzschraube waagerecht verschoben und der ganze Kran über einen Ausleger geschwenkt.

Alle diese Konstruktionen waren eigentlich ihrer Zeit weit voraus. Denn ihre erfinderische Idee war größer als das, was damals ein Menschen- oder Ochsenantrieb oder das Material (vorwiegend Holz) erlaubten. Gerade in Details wie der Übersetzung der Zahnräder, der raffinierten Ausbildung der Zähne, um hohen Verschleiß zu vermeiden, oder der Berücksichtigung der Reibung sind sie erstaunlich. Durch die Verwendung von Eisen- oder Bronzeteilen und speziellen Holzsorten gelang es, die Materialschwierigkeiten zu überwinden und die mechanischen Gesetze rein zur Geltung zu bringen. Der Bau der Kuppel ist ohne diese technischen Hilfen nicht denkbar!

Die Vermessung

Wir kennen heute mit Sicherheit Brunelleschis Maschinen; seine Meßverfahren bleiben aber nach wie vor im Dunkeln. Zwischen den schon geschilderten Schwierigkeiten einer genauen Vermessung in dieser Höhe und der Tatsache, daß Brunelleschi sie exakt durchführte, liegt ein weites Feld für Hypothesen. Sie reichen von Eisenketten (Braunfels), einer fixierten vertikalen Stange in der Mittelachse der Kuppel oder der Annahme einer Visieranlage im Zentrum (di Pasquale) bis zu der Theorie, die Horizontalbögen hätten als Vermessungshilfen (T.B. Settle) gedient. Bezeichnend ist der Streit um einen Satz der Programm-Verbesserung von 1426: «Sowohl die Innen- als auch die Außenschale sollten mit einem gualandrino mit drei Seilen gemauert werden.» Battisti hält «gualandrino» für einen Sicherheitsgürtel, den die Maurer ab U2 anlegen sollten (im Satz davor waren tatsächlich Sicherheitsvorkehrungen angeordnet); Saalman interpretiert «gualandrino» als ein Vermessungsgerät mit Seiltriangulation. Roland

Abb. 13: Der zweite Kran von 1432. Er besaß eine größere Reichweite und verband Lastenaufzug mit genauer Positionierung. Modell des Istituto di Costruzioni unter Salvatore di Pasquale, Università degli Studi, Florenz.

Mainstones Rekonstruktionsversuch in dieser Richtung ist interessant, aber auch nur eine Hypothese. Die Vermutung liegt immerhin nahe, daß die Vermessung mit Hilfe dünner, wegen der Ausdehnung drahtverstärkter Seile[30] von der großen inneren Arbeitsplattform am Fuß der Kuppel aus vorgenommen wurde. Auch eine Kombination von Seilvermessung und optischen Verfahren, dem Theodoliten ähnlich, ist nicht auszuschließen. Am Ende aller Hypothesen muß es uns genügen zu klären, was Brunelleschi insgesamt geleistet hat.

Zuerst war die Wölbungskurve einzumessen. Es war sinnvoll, sie in den Eckwinkeln anzulegen, wo die Kappenflächen sich schneiden. Für diesen Zweck können wir uns ein mögliches Meßverfahren leicht vorstellen: Ein gleichschenkliges Seildreieck, dessen Basisseil horizontal so durch das Oktogon gespannt ist, daß es dessen Durchmesser vom zu vermessenden Eck zum gegenüberliegenden in 4/5 seiner Länge im Punkt des «quinto acuto» rechtwinklig schneidet. Die Spitze des Winkels, den die gleichen Seiten des Dreiecks bilden, beschreibt dann die Wölbungskurve in den Ecken. Waren die zwei Fußpunkte für diesen Seilwinkel an den Innenseiten des Oktogons erst einmal gefunden, so konnten dort im Mauerwerk Haken befestigt werden, in die sich der Seilwinkel bei Bedarf einhängen ließ. Dokumentiert ist, daß in den acht Ecken fertige, stabile kleine Lehrgerüste befestigt wurden, die den Winkel, den die Kappen in der Horizontale miteinander bilden, sowie die Wölbungskurve für ein beträchtliches Stück Mauerhöhe festlegten.[31]

Nach der massiven Aufmauerung des Kuppelfußes begann die radiale Ausrichtung aller Bauglieder und des Mauerverbandes in seinen Stoßfugen. Auch diese Anordnung mußte optisch oder über einen Seilzug einvisiert werden, diesmal aber von der vertikalen Mittelachse der Kuppel aus. Da ihr Fußpunkt 54 m hoch über dem Boden der Vierung liegt, ist eine irgendwie im Zentrum fixierte Anlage schwer denkbar. Die radiale Ausrichtung der Bauglieder wurde aber konsequent durchgeführt. Ab U2 konnten die oben aus der jeweils letzten Mauerschicht hervorstehenden Reihen der hochkant gestellten Ziegel des Fischgrätverbands eine große Hilfe sein, bildeten ihre Rücken doch ideale, auf das Kuppel-Zentrum ausgerichtete Visierlinien im unkonturierten, flachen Mauerwerk.

Ab Höhe U1 war aber auch auf die beginnende Schrägneigung der Schichten zu achten; doch ihr Zentrum war wieder der «quinto acuto-Punkt» des Gewölbedurchmessers (jede Kappe hat ihren eigenen).

Im Zusammenhang mit der Schrägneigung der Schichten trat das vierte Vermessungsproblem auf: die konische Anlage der Schichten, die, von Eck zu Eck gesehen, wie eine lose Schnur «durchhängen». Auch diese Anordnung mußte Schwierigkeiten bereiten.

Die Dimensionierung und Verteilung der einzelnen Bauglieder in der horizontalen, symmetrischen Anordnung sowie im Höhenaufbau der Kuppel kann ebenfalls nicht einfach gewesen sein, bot doch ein so «lebendiges Maß» wie die Elle, die dann auch in Brüche umgerechnet werden mußte (zum Beispiel 4 1/3 Ellen) nicht die Vorzüge unseres Meters mit dem Dezimalsystem. Kontinuierlich abnehmende Bauglieder (die Pfeiler, die Breite der Gewölbefelder) erschwerten zusätzlich die Arbeit. Ohne ein sehr hohes Maß an räumlich-geometrischem Vorstellungsvermögen, beispielsweise bei der Projektierung und Ausführung des begehbaren Schlußrings, war diese Arbeit nicht zu bewältigen.

Moderne Messungen zeigen uns eine erstaunliche Genauigkeit sowohl der Kurven als auch der Schichtenlagen. Brunelleschi ist es also gelungen, all diese differenzierten Probleme in der Bauwirklichkeit exakt zu lösen. Am meisten überrascht, daß sogar die enormen Maßungenauigkeiten in den Seitenlängen des Oktogons, die er von den Vorgängern geerbt hatte, nach oben hin ausgeglichen sind. Nehmen wir alle diese Phänomene zusammen und halten dagegen, was an «lebendiger Ungenauigkeit» in mittelalterlichen Bauten üblich war, zum Beispiel in der Vierungskuppel des Doms von Siena, so müssen wir, ohne die Methoden im einzelnen zu kennen, zu dem Urteil kommen, daß Brunelleschi eine ganz außerordentliche meßtechnische Leistung vollbracht hat. Die Vollendung der Kuppel ist nicht denkbar ohne seine genialen mathematisch-geometrischen Fähigkeiten.

Der Bauvorgang «sanza armadura»

Brunelleschis knapp formuliertes Bauprogramm von 1420 faßt am Schluß das entscheidende Arbeitsverfahren zusammen: «Murinsi le cupole nel modo sopradecto sanza alcuna armadura, massimamente insino a braccia trenta, ma con ponti in quel modo sara consigliato e diliberato per quegli maestri che l'aranno a murare; e da braccia trenta in su secondo sara allora consigliato, perche nel murare la practica insegnera quell'che ss'ara a seguire – Die Kuppelschalen sollen in der oben beschriebenen Art gebaut werden ohne ein durch Gerüste gestütztes Lehrgerüst bis zu einer Höhe von nicht mehr als 30 Ellen, aber mit Arbeitsplattformen in der Art, wie es von den Meistern beraten und entschieden wird, die die Bauleitung haben; und von 30 Ellen aufwärts gemäß dem, was ihnen dann ratsam erscheint, denn beim Bauen wird die praktische Erfahrung lehren, welcher Methode man folgen soll.» Die zentrale Aussage ist eindeutig, daß die Kupppel ohne festes Lehrgerüst, aber mit Arbeitsgerüsten («ponti») errichtet werden soll. Die zweite Hälfte des Satzes legt aber auch die Vermutung nahe, daß die Stimmen keineswegs verstummt waren, die dieses Verfahren für undurchführbar hielten. Brunelleschi versuchte sich freie Hand zu verschaffen «bis 30 Ellen Höhe» – denn bis dahin hoffte er, in der Praxis gezeigt zu haben, daß seine Methode möglich sei.[32]

Als es aber im Sommer 1425 im Führungsgremium der Dombauhütte zu erneuten Auseinandersetzungen um verschiedene konstruktive Fragen kam, waren die 30 Ellen Höhe noch keineswegs erreicht, und die Methode, ohne Lehrgerüst zu mauern, hatte ihre eigentliche Probe noch nicht bestanden, da bis zum zweiten Umgang, der damals gerade in Arbeit war, das Mauerwerk sich nur wenig nach innen wölbte und noch problemlos ohne Lehrgerüst zu bewältigen war. Daß die Zweifler und Skeptiker sich erneut zu Wort meldeten,[33] vielleicht sogar eine mächtige Partei bildeten, die das Arbeitsverfahren ab diesem Punkt doch noch in ihrem Sinne ändern wollte, zeigt uns Brunelleschis Schlußsatz zu den Verbesserungen des Bauprogramms von 1426: «Ne si dicie ancora di farla cientinare; non che non fosse suto piu forteza de lavorio e piu bella; ma non sendo principiato, parrebbe ch'il centinasse al presente, lavorio straordinario da quello ch'è murato e mostrerebbe altra forma; e anche difficilmente si potrebbe centinare sanza armadura; perche'l centinare si lascio di principio solo per non fare armadura e cetera – Wir empfehlen immer noch keine Lehrgerüste. Nicht, daß das Mauerwerk dann nicht stärker würde oder schöner. Aber da wir nicht (mit Lehrgerüsten) begonnen haben, würde es so erscheinen, daß ein nachträgliches Einrüsten den künftigen Mauerverband anders gestalten würde als das, was jetzt schon gebaut wurde; es würde ein anderes Gefüge bilden. Ebenso würde es schwierig sein, Lehrgerüste ohne eine feste Konstruktion darunter zu haben. Und schließlich: Es war von Beginn entschieden, Lehrgerüste wegzulassen, nur um keine Standgerüste errichten zu müsssen etc.»

Brunelleschi, in den Formulierungen des Bauprogramms sonst eher wortkargpräzise, wird hier ausführlich. Es scheint sich um keine geringe Auseinandersetzung gehandelt zu haben, wenn der ursprüngliche Plan noch einmal so wortreich bekräftigt werden mußte. In der uns bewegenden Frage, wie denn das Einwölben ohne stützende Lehrgerüste überhaupt möglich war,[34] gibt uns Brunelleschis Satz aber einen versteckten Hinweis: Es ist der «andere Mauerverband», der das Verfahren mit Lehrgerüst von dem frei und ohne Unterstützung gemauerten Gewölbe unterscheidet. Vergleichen wir dieses Wort vom «anderen Mauerverband» mit der Anweisung, die wenige Zeilen vor diesem langen Schlußsatz der Verbesserungen steht und die den Mauerverband ab U1 betrifft, so haben wir die deutliche Spur, der wir folgen müssen: «Anchora si facci fare mattoni grandi, di peso di libre venticinque in sino a trenta l'uno e non di piu peso; i quali si murino con quello spinapescie sara diliberato per chi l'ara a conducere – Des weiteren sollen große Ziegel hergestellt werden mit 25 bis nicht mehr als 30 libre an Gewicht. Diese sollen in dem Fischgrätverband gemauert werden, wie es von dem bestimmt wird, der die Bauleitung hat.» Bei dem Verfahren, die Kuppel ohne Lehrgerüste einzuwölben, kam es entscheidend auf den Mauerverband an. Auch hier fordert Filippo noch einmal freie Hand für den, der die Bauleitung hat – womit niemand anders gemeint ist als er selbst, flankiert von Battista und Lorenzo. Versuchen wir, drei entscheidende Stufen des Bauprozesses zu verstehen:

Das untere Drittel der Konstruktion bereitet dem Verständnis wenig Schwierigkeiten. Brunelleschis Hauptaufgabe wird hier darin bestanden haben, mittels des großen Lastenaufzugs den Materialtransport für den Bau der Kuppel in Gang zu bringen und mit der großen Materialplattform an ihrem Fuß eine solide Ausgangsbasis für die Einwölbung zu schaffen. Große Mengen Steine, Ziegel und anderes Baumaterial konnten hier deponiert und beispielsweise der Mörtel zubereitet werden. Mit kleinen Winden und Kränen oder als Rückenlast waren sie von hier aus leicht dahin zu verteilen, wo sie gebraucht wurden. Die heute noch an der Innenseite der Kuppel hinter der dritten Galerie vorhandenen Horizontalschächte (Querschnitt 1 Elle im Quadrat) zeugen von der mächtigen Arbeitsbühne, die hier rund um das Oktogon lief. Sie gingen ursprünglich durch die gesamte Breite des massiven unteren Kuppelmauerwerks von ca. 4,50 m. Die Plattform könnte bis zu 5 m in das Innere geragt haben. Nachdem der erste Steinringanker gelegt (die Schächte laufen zwischen dessen Querbalken) und das Mauerwerk etwas darüber hinaus gewachsen war (Sommer 1421), konnte diese Plattform installiert werden; sie blieb vermutlich bis etwa 1442/43 an ihrem Platz, bis die oberste Innengalerie G3 gebaut wurde.

Das Mauerwerk, das von hier bis in 3,50 m Höhe emporgeführt wurde, ist noch massiv und konventionell im Verband. Kleine, außen am Mauerwerk hängende Gerüste (Alberti erwähnt sie) waren leicht einzurichten und wieder zu versetzen. Vom ersten Umgang an, wo die Schalen sich trennen, konnte der Hohlraum für Gerüste mit benützt werden. Ein großer Teil der Arbeit erfolgte hier wahrscheinlich von innen aus. Die beginnende radiale Ausrichtung und Schrägneigung des Mauerwerks ab U1 kann allenfalls meßtechnische Probleme bereitet haben. Die Programmverbesserungen von 1422 betrafen nur Gewichtsreduzierungen. Der «kritische Punkt» war erreicht, als 1425 die Kuppelneigung nach innen sowie die Schrägschichtung des Mauerwerks immer deutlicher wurden.

«*le faccie … legate cogli sproni –
die Schalen … im Verband mit den Pfeilern*»

In Brunelleschis Programm steckt ein entscheidender Hinweis auf seine Baumethode da, wo von der Verwendung unterschiedlicher Materialien (zuerst Sandstein, dann Ziegel) im Höhenaufbau gesprochen wird: «Gli sproni sono murati tucti di macignio e pietra forte, e meategli overo le faccia delle cupole tutte di

bedürfte allein eines ganzen Kapitels, die verschiedenen Deutungen und Meinungen zu referieren, die oft extreme Positionen darstellen. Eine unbefangene Interpretation sei gewagt, ausgehend von den früher genannten Problemen, die die Form des Kappengewölbes bereitete.

Da war geschildert, wie in einer Rundkuppel sich jeder geschlossene Mauerring selbst trägt, was die notwendige statische Voraussetzung für ein Einwölben ohne unterstützendes Lehrgerüst bildet. Bei der Domkuppel aber neigen sich acht Kappen nach innen, die im waagerechten Schnitt gerade sind und somit keineswegs vor einem Einbrechen nach innen gesichert. Brunelleschi konnte dieses Problem nur bewältigen, wenn es ihm gelang, jeden dieser Mauerstreifen wie einen «geraden Bogen» zu behandeln. Dem aufmerksamen Betrachter fallen in den Ruinen Roms solche waagerechten «Stürze» auf, in denen die Ziegel keilförmig wie bei einem Bogen gesetzt sind; Brunelleschi kann sie nicht übersehen haben. Aber auch in Florenz selbst, beispielsweise beim Türsturz über dem Portal von S. Stefano, finden sich Beispiele für den «geraden Bogen», auch «scheitrechter Bogen» genannt. In einem solchen geraden Bogen erzeugen die keilförmigen Elemente einen Schub nach den Seiten hin. Dieser Horizontalschub wird – völlig fachgerecht – von der flachen Seite der Ziegel aufgenommen. Nicht anders bei Brunelleschis Kuppel. Bis U1 entstanden im Mauerwerk selbst nur senkrecht wirkende Kräfte, wenn wir den vom Gesamten der Kuppel erzeugten Seitenschub einmal nicht berücksichtigen; ihm galten die Ringankersysteme. Die vertikalen Kräfte werden völlig normal von waagerecht angeordneten Ziegeln aufgefangen, die mit ihrer breiten, flachen Seite in rechtem Winkel zu ihnen liegen. Ab U2 ändert sich aber der Kräfteverlauf zunehmend. Zu den senkrecht wirkenden Lasten des Kuppelgewichts kommen die horizontal zu den Eckpfeilern hin schiebenden Kräfte, welche die als «waagerechter Bogen» zwischen die Pfeiler eingespannten Kappen beziehungsweise die einzelnen Mauerstreifen dieser Kappen erzeugen. Diese Horizontalkräfte, die in Richtung der Pfeiler wirken, nehmen nach oben zu, da die Neigung stärker wird und damit auch die Keilwirkung der waagerechten Bögen; zugleich verringert sich aber die Spannweite zwischen den Pfeilern. Ein Mauerwerk, das nur in konventioneller Weise horizontal geschichtet war, konnte diesen waagerecht zu den Pfeilern hin laufenden Schub nicht mehr günstig aufnehmen, da er auf die schmalen Seiten der Ziegel traf. Die senkrecht dazu gestellten Ziegelbänder des Fischgrätverbandes gliedern nun die durchlaufenden Horizontalschichten in ideale Keile, wie sie ein waagerechter Bogen braucht, und sind in der Lage, den seitlich wirkenden Schub günstig aufzunehmen. Vertikale Kräfte aus den Mauerlasten und horizontale Kräfte aus dem Seitenschub des scheitrechten Bogens, den jede Kappe

Die konische Schichtenlage in Brunelleschis Kuppel

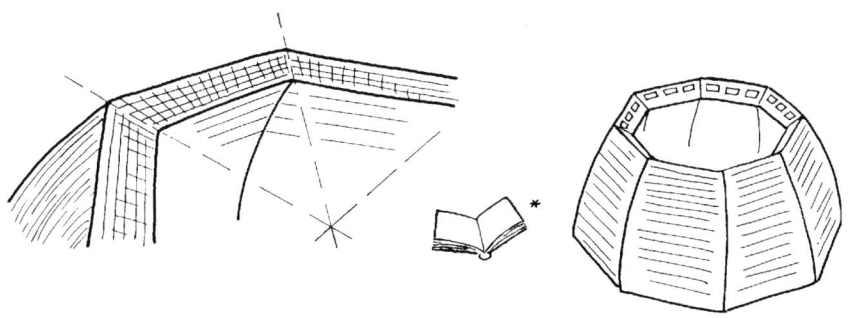

Wäre die Schichtenlage in einem oktogonalen Kappengewölbe waagerecht-gerade, so bildeten die Schichten der Eckpfeilerzone «Buchwinkel»* – eine potentielle Bruchzone! Nicht ausgeführt!

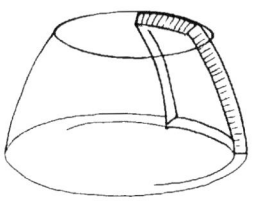

In einem Rundgewölbe
besteht das Problem nicht.

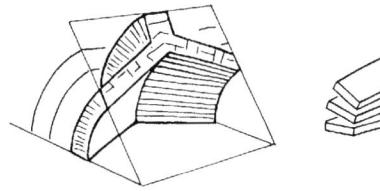

In den Ecken flach durchgezogene
Schichten sinken nach den Seiten ab.

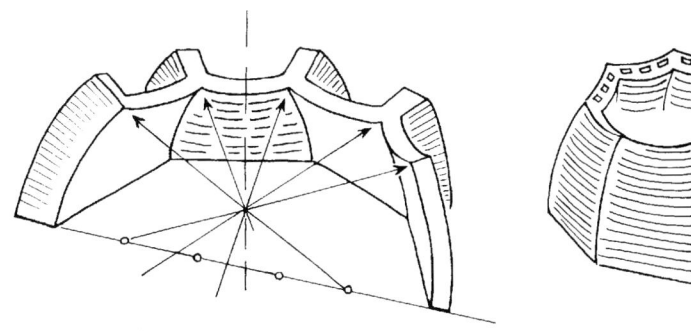

Brunelleschis Lösung: «Girlandenförmige» Schichten.
Konische Schichtenlage zur Vermeidung von Bruchzonen.

bildet, konnten so vollkommen aufgefangen und im gesamten Mauerwerk verteilt werden. Allein mit dieser Methode war es dem Baumeister möglich, jeden in sich geschlossenen Mauerring des Kappengewölbes wie bei einer Rundkuppel selbsttragend auszubilden. Wieviel die Steilheit der Kuppelkurve das Einwölben ohne Lehrgerüst begünstigt hat, ist schwer zu beurteilen. Daß Brunelleschi die Kurve in der letzten Bauphase etwas steiler zog, als vom quinto acuto bestimmt, mag in diese Richtung zielen, kann aber auch für die Wirkung der äußeren Form gedacht sein – oder gar für beide Zwecke.

Dem Fischgrätverband mußte vor dem endgültigen Verspannen des Gefüges durch Schlußring und Laterne – also während des mehrjährigen Bauprozesses selbst – eine erhöhte Bedeutung zukommen, da die Lasten der stark bemessenen Pfeiler und der Kappen sich in dieser Phase alleine über die waagerechten Bögen der Kappen abstützten, was den beschriebenen Horizontalschub zu den Ecken hin verstärkte. Daß die Pfeiler in diesem Gefüge bruchlos durchgehend ausgebildet werden mußten, da in ihnen erhebliche Horizontalschübe aus den angrenzenden Kappen gegeneinanderliefen, ist nun leicht zu verstehen.

In der Literatur findet sich, was den Ablauf der Arbeit betrifft, immer noch die Deutung und auch die bildliche Darstellung, die Pfeiler seien zuerst gemauert und die Schalen seien gefolgt oder dazwischengesetzt worden. Macht man sich aber ein anschauliches Bild von den durch Pfeiler und Kappen bindenden Ziegelschichten des Mauerwerks während des Arbeitsprozesses, mit den diagonalen Fischgrätbändern, so wird sofort deutlich, daß keineswegs die Pfeiler zuerst gemauert wurden, sondern die Schicht-Ringe möglichst gleichzeitig durchgehend emporwuchsen und nur die senkrecht gestellten Ziegel in 1,20 m Abstand wie Messerrücken um die Stärke von zwei bis drei Horizontalschichten herausragten. Da auch diese Rücken, wie alle Bauglieder, radial zur Mittelachse der Kuppel ausgerichtet sind, bilden sie jeweils den Rand von keilförmigen Ziegelpaketen von ca. 1,20 m Breite. Die Maurer konnten zwischen diese sich nach oben fortpflanzenden Stege ihre flachen Ziegel ohne die Sorge legen, daß ganze Schichten nach innen rutschten, da die Keilwirkung sie in ihrem schmalen Streifen hielt, bis der Mörtel abgebunden hatte. Genauere Untersuchungen des Mauerwerks haben zudem ergeben, daß die Höhe der horizontalen Ringe beziehungsweise der Parallelschichten, die in jeweils einem Arbeitsprozeß gelegt wurden, nach oben hin immer geringer wurde. Daraus kann man schließen, daß die Maurer warteten, bis der Mörtel jedes sich selbst tragenden Ringes die Ziegelschichten halten konnte, und dann erst den nächsten Ring legten. Es kann keine Frage sein: Unter all den vielen miteinander verbundenen Maßnahmen ist, was das Bauen ohne Lehrgerüst betrifft, das Mauern im Fischgrätverband das ent-

«Spinapesce» – Fischgrät-Verband

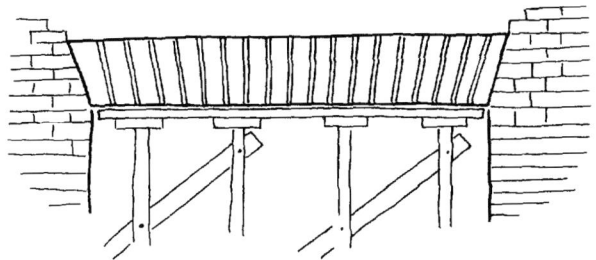

Ein scheitrechter Bogen kann nur mit Lehrgerüst errichtet werden.

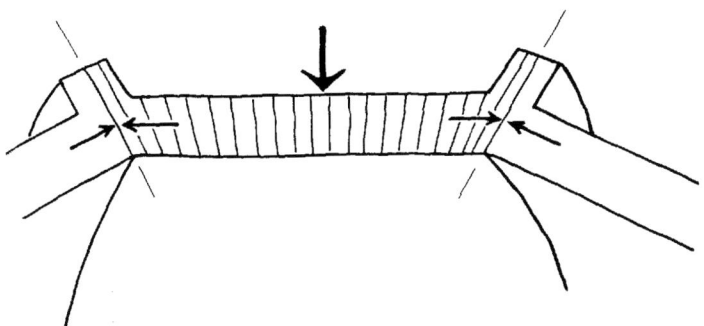

Bei einer Gewölbe-Kappe kann nur die keilförmige Anordnung des Mauerwerks als «scheitrechter Bogen» das Einbrechen verhindern.

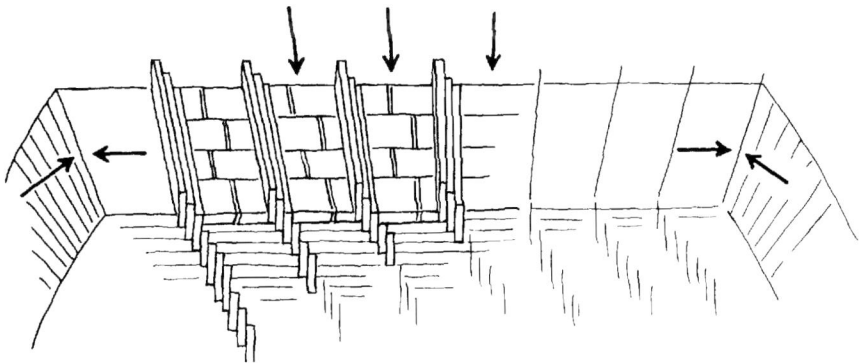

Der «Fischgrät»-Verband strukturiert jede Schicht keilförmig; die senkrecht gestellten Ziegel verhindern ein Abrutschen der horizontalen Lagen: Das Mauerwerk wird «selbsttragend».

87

scheidende Mittel; denn allein der Fischgrätverband garantierte, daß die einzelnen Schichten der geraden Kappen während des Bauprozesses selbsttragend wurden und die scheitrechten Bögen der Kappen in ihrer inneren Struktur die nötige Festigkeit gegen horizontalen Schub bekamen. Was im oberen Teil der Kuppel an leichten, versetzbaren Lehrgerüsten oder Arbeitsgerüsten für die Maurer außen oder innen am selbsttragenden Mauerwerk befestigt wurde, ist eine drittrangige Frage. Den zentralen Punkt des Mauerns «sanza armadura» betrifft es nicht, und «ponti» waren ausdrücklich vorgesehen.

*« ... in quel modo sara consigliato e diliberato –
in der Art, wie es beraten und entschieden wird»*

In unserem Bemühen, die Konstruktion der Kuppel von verschiedenen Aspekten aus zu betrachten und immer besser zu verstehen und auch den Bauprozeß selbst ins Auge zu fassen, sollten wir zuletzt die besondere Art, wie Brunelleschi in diesem Vorgang tätig war, nicht übersehen. Die beiden wichtigsten schriftlichen Quellen, Brunelleschis Programm und Manettis «Vita», geben uns zwei bedeutsame Hinweise.

Der eine ist die Tatsache, daß am Schluß des Programms etwas verschlüsselt ausgesprochen ist – am fertigen Bau aber deutlich abzulesen – , daß das schriftliche Programm und das Modell einen Ideenentwurf bilden, zu dem unmittelbar die schöpferische Weiterentwicklung der Idee gehörte, wie sie täglich aus der Begegnung von Plan und Bauwirklichkeit geboren wurde. Es ist nicht nötig, hier noch einmal systematisch all die Veränderungen aufzuzählen, die sich aus dem Vergleich zwischen Programm und gebauter Kuppel ergeben haben – sie sind zahlreich! Seltsamerweise hat man daraus sogar eine Unsicherheit des Baumeisters herauslesen wollen, der «anders» angefangen und dann gemerkt habe, daß es so nicht gehe, und schließlich von der Praxis eines Besseren belehrt worden sei. Nur ein Vergleich hilft uns da weiter. In Stefan Zweigs wunderbarer Magellan-Biographie lesen wir, wie minutiös der Kapitän seine Weltumsegelung plante, vorbereitete, ausrüstete; aber dann kam die Fahrt mit Meuterei, Sturm, Hunger, und jeder Tag forderte seine eigene Entscheidung und vor allem den, der sie inmitten all der Konflikte traf. Nicht anders hier. In Brunelleschis Fähigkeit, mit aller Geisteskraft und ganzem Willen das Projekt sich zu eigen zu machen und zu planen, das ungeheure persönliche und sachliche Risiko dieser Arbeit einzugehen, aber täglich lernend die Idee an der Wirklichkeit zu prüfen, möchte ich nicht nur mittelalterliche Baupraxis, sondern eine ganz moderne

Eigenschaft sehen. Die Gestaltung jedes Tagewerkes und die Projektierung jedes größeren Abschnitts mußten offen bleiben für die unmittelbare schöpferische Eingebung. Eine andere Arbeitsweise wäre dem Organismus der Kuppel – einer «geprägten Form, die lebend sich entwickelt»[35] – gar nicht angemessen gewesen. Manettis Bericht betont verständlicherweise, daß ohne Brunelleschi die Arbeit stagnierte;[36] wir nehmen diesem aber nichts von seiner Führungsrolle und seiner Genialität, wenn wir uns trotzdem den Entscheidungsprozeß in unmittelbarer Beratung («in quel modo sara consigliato») mit Lorenzo, Battista und den anderen Meistern am Bau vorstellen und einräumen, daß ihre praktische Erfahrung seine Idee mitgestaltete.

Der andere Hinweis, aus Manettis Bericht, kann uns ein Bild geben von der Art, wie «Pippo» nicht von einem fernen Feldherrnhügel aus die Schlacht leitete, sondern, wie einst Alexander im Kampf, jeden Tag auf der Baustelle war und Geist und Seele der Arbeitsgruppe bildete, die Maurer beratend, ihr Verständnis erziehend, ihnen Mut machend. Sicher war diese tägliche «Geistesgegenwart» eine Kraft, ohne die das Werk nicht vollendet worden und die Menschengruppe, die es vollbrachte, auseinandergebrochen wäre. Wir müssen vielleicht der toskanisch-nüchternen, volksnahen, lebenspraktischen und mit Witz begabten Seele des Meisters ebensoviel Bedeutung beimessen wie der Geisteshöhe des «inventore». «Es gibt viele Steine und verborgene Erfindungen in den Ecken, die keinem sichtbar sind, während man andere sehen kann. Was man teilweise sehen kann, sind lange macigno-Balken. Als er sie mit den Steinmetzen besprach, konnten sie ihn nicht im geringsten verstehen. So machte er Modelle für sie in weichem Ton und in Wachs und aus Holz. Sogar jene großen Rüben … die im Winter auf dem Markt verkauft werden, benutzte er, um kleine Modelle daraus zu schneiden und ihnen die Sache damit zu erklären. Und dann ging er zu den Eisenhändlern auf der Suche nach den verschiedensten Objekten aus Eisen, deren Funktion sogar die Handwerker nicht begriffen. Und dann ging er zu den Zimmerleuten mit Vorstellungen über neue Methoden und Vorrichtungen für die verschiedensten Objekte, an die niemand vorher gedacht hätte. Um zu vermeiden, daß man sich in der Dunkelheit stieß oder fiel, ging er auf die Suche nach Lichtern, um die Bereiche für den Auf- und Abstieg zu beleuchten, und er versuchte, alle möglichen Überraschungen oder Gefahren auszuschließen, und nicht nur Gefahr, sondern auch die Furcht und das Entsetzen der Maurer und derjenigen, die ihnen zur Hand gingen. Und damit die Meister und Lehrlinge, die sich selbst versorgten, keine Zeit verlören, richtete er es so ein, daß sich Köche dort aufhielten und daß denen Brot und Wein verkauft wurde, die nichts mitgebracht hatten, so daß die Arbeiter alles hatten, was sie benötigten, und so sorgte er auch dafür, daß nicht gestreikt wurde.»[37]

Die Chronologie des Bauablaufs

1420

«Als der Bau (der Kuppel selbst) am 7. August 1420 offiziell begonnen wurde mit einem Frühstück, bestehend aus Wein, Brot und Melonen, waren die ersten kurzen macigno-Balken für die erste Stein-Kette schon auf der Baustelle, Holz war bestellt und acht Lehrgerüste (‹centine›) für die Ecken waren vorbereitet, um an ihren Platz gesetzt zu werden. Das Gewölbe des dritten Oktogon-Arms (der dritten, südlichen Apsis) war fertig, aber das Lehrgerüst darunter noch an seinem Platz. Der alte Aufzug (‹ruota magna›) von 1398 arbeitete immer noch, und der alte Kran von 1413 (‹stella›) war in Funktion auf der Mauer. Im Oktober 1420 bezogen Brunelleschi und Ghiberti ihr erstes Gehalt für das Quartal, beginnend am 20. Mai … Inzwischen hatte Brunelleschi begonnen, seinen neuen Aufzug zu bauen, der im März 1421 fertig wurde. Während des ganzen Winters kamen kurze Balken in der Bauhütte an und wurden auf dem Bau verwendet. Im November wurde der erste Vertrag abgeschlossen für weißen Carrara-Marmor für das Gesims und für die Regenrinne am Fuß der äußeren Kuppelschale, und Hunderte von Wagenladungen Werksteine für das massive Mauerwerk an der Kuppel begannen auf die Baustelle zu rollen.»[38]

Ende Juli 1420 waren Modell und Bauprogramm von der Versammlung der Operai und der Konsuln der Arte della Lana offiziell und durch einen feierlichen juristischen Akt genehmigt worden; aber schon vorher, am 16. April 1420, waren Brunelleschi, Ghiberti und Battista d'Antonio zu Leitern des Baus ernannt worden; Vorverträge über die Lieferungen von Ziegeln (100.000 pro Jahr) mit Pardo d'Antonio von Volterra bestanden sogar seit dem August 1418, Bestellungen von Steinbalken seit dem Oktober 1419. Das heißt, daß in der Auseinandersetzung um Brunelleschis Modell wahrscheinlich viele Punkte schon vor der endgültigen Genehmigung geklärt waren (zum Beispiel die voraussichtliche Verwendung von Ziegeln im oberen Teil der Kuppel oder die Frage der steinernen Ringanker) und hinter der Bühne der Versammlungen und öffentlichen Kämpfe die praktische Vorbereitung auf den Kuppelbau längst angelaufen war. Das erklärt den Schwung, mit dem die Arbeiten im August 1420 einsetzten.

1421

Im März ist der neue Aufzug fertig. Der erste steinerne Ringanker, bestehend aus zwei Ketten von macigno-Balken und Querbalken, wird am Fuß der Kuppel gelegt. Gleichzeitig wird die Arbeitsplattform vorbereitet und installiert. Große

Mengen Holz für den Bau der Plattform liefert das mächtige Lehrgerüst der dritten Apsis, das im Juli entfernt wird. Sobald das Gerüst an seinem Platz ist, kann mit dem Mauern des massiven Kuppelfußes begonnen werden. Im April erhält Pardo d'Antonio den Auftrag, eine Million Ziegel auf fünf Jahre verteilt zu liefern; ähnliche Verträge werden mit anderen Ziegeleien geschlossen.

1422

Die Arbeit ist inzwischen so weit vorangeschritten, daß Verbesserungen im Bauprogramm besprochen und rechtlich gültig beschlossen werden. Sie beziehen sich hauptsächlich auf Maßnahmen zur Verringerung des Kuppelgewichtes: Die Dimensionen der Zwischenpfeiler werden von 2,35 auf 1,75 m (4 auf 3 Ellen) vermindert; die Verwendung von leichten Ziegeln schon 7 m (12 Ellen) über dem Fuß der Kuppel angeordnet. Von der Höhe des ersten inneren Umgangs, zwischen den sich trennenden Schalen, beginnt man, alle Bauglieder radial auszurichten, um die Ziegelverbände kontinuierlich ohne Bruch durch die Pfeiler und Eckpfeiler führen zu können. Gleichzeitig, mit dem Wachsen des Mauerwerks, beginnen sich die auf das Zentrum des Kurvenradius der Schalen ausgerichteten Ziegelschichten zu neigen. Überdies setzt die konzentrisch verlaufende Wölbungskurve beider Kuppelschalen an. Diese drei Tatsachen erfordern neue Vermessungs- und Kontrollmethoden durch Seilsysteme, die vermutlich in diesem Jahr eingerichtet werden.

1423

Im Januar, während die Arbeit wegen des Winterwetters ruht und die Mauern wegen des Schnees abgedeckt werden müssen, beginnt Brunelleschi einen neuen Kran zu entwerfen, dessen größere Reichweite und besserer Mechanismus für die Montage des Holzbalkenringes dringend gebraucht werden. Neben anderen, weniger gewichtigen Punkten (das Aussehen der runden Fenster im Dach, das Profil der Marmorrippen) wird im August beschlossen, das im ursprünglichen Programm unter dem zweiten Umgang vorgesehene System von Tonnengewölben (volticciuole a botti) zwischen den Pfeilern zu streichen, da die macigno-Querbalken des zweiten Rinankersystems auf dieser Höhe – es sollte dem ersten gleichen – denselben Dienst leisten, nämlich die beiden Kuppelschalen und die Pfeiler besser zu verbinden.

1424

Das durchgehende Mauerwerk am Kuppelfuß wird außen mit Bruchsteinen verkleidet, und Eisenanker mit Ösen werden eingelassen, die zusammen mit den vorspringenden Querbalken der ersten Steinkette die geplante Marmorgalerie außen halten sollen; diese Elemente sind heute noch sichtbar, da die Galerie nur an einer Seite ausgeführt wurde. Im August wird die unterste Reihe von vierundzwanzig runden Steinfenstern nach Brunelleschis Zeichnung eingesetzt. Nach langen, schwierigen Vorbereitungen wird der große Balkenringanker montiert, mit einer von Brunelleschi speziell entworfenen Schäftung. Man hatte, weil vierundzwanzig Eichenbalken dieser Größe in weitem Umkreis nicht zu finden waren, beschlossen, Kastanienbalken zu nehmen, die aber auch nur zögernd geliefert wurden.

1425

Am 6. Juni beginnt man die Konstruktion des zweiten Stein-Ringankers. Die Vorbereitungen liefen schon seit März. Brunelleschi hatte sogar eigens ein anschauliches Holzmodell für die komplizierte, da radial und in schräger Schichtung angelegte «catena» gefertigt. Wegen der wachsenden Neigung der Wölbung und da schon Maurer zu Tode gestürzt waren, werden hölzerne Schirme entlang der inneren Kante des Mauerwerks befestigt. Im Juni beginnen heftige Auseinandersetzungen über verschiedene Punkte, allen voran:

1. Sollen weitere Holzringanker – vier waren ursprünglich vorgesehen – vorbereitet und installiert werden?

2. Sollen oberhalb des zweiten Umgangs – nachdem schon das erste gestrichen worden war – die noch geplanten zwei Reihen Tonnengewölbe zwischen den Schalen gebaut werden?

Gleichzeitig müssen von Giovanni di Gherardo heftig vorgetragene Bedenken besprochen und der Vorwurf geklärt werden, Brunelleschi halte sich nicht an die im Programm festgelegte Kuppelkurve des «quinto acuto».

1426

Am 24. Januar wird die zweite Verbesserung und Ergänzung des Programms offiziell beschlossen und schriftlich fixiert. Sie bestimmt, daß weitere kostspielige Holzringanker zu streichen und die geplanten Tonnengewölbe durch neun Reihen horizontaler Bögen zwischen dem zweiten Umgang und dem Schlußring zu ersetzen seien. Sie boten gegenüber den Tonnengewölben verschiedene Vor-

teile, was den freieren Zugang zu allen Teilen der Kuppel, die Anlage der Treppen, die Beleuchtung der Räume zwischen den Schalen durch die Rundfenster
und vor allem die Ringform der verschiedenen Bauglieder betraf. Fast routinemäßig wird beschlossen, daß von der Höhe des zweiten Umgangs an das Mauerwerk mit diagonalen Bändern senkrecht gesetzter Ziegel, also im «Fischgrätverband» auszuführen sei. Die Dokumente spiegeln zu diesem Zeitpunkt wiederholte Bedenken, ob die Kuppel auch in den oberen Teilen ohne Gerüst einzuwölben sei; der Entschluß, «sanza armadura» weiterzuarbeiten, mußte also neu
bekräftigt werden – und mußte es immer wieder bis zum Schluß! In den Som-
mermonaten 1426 wandert der große Kran Stück für Stück um das Achteck in
Höhe des zweiten Umgangs, um den zweiten Steinring zu legen. Fünfundzwanzig Maurer werden entlassen, weil die Arbeit an den Gewölbekappen ruht. Im
September unterschreibt Brunelleschi Verträge über neue Ziegelformen für das
Fischgrätsystem.

1427

Battista bekommt den Auftrag, am 18. August mit der Arbeit an den Pfeilern
und Kappen wieder zu beginnen.

1428

Die Arbeit geht routinemäßig voran. Das Mauerwerk hat etwa die Höhe des
dritten Umgangs erreicht. Das Material für den dritten Ringanker wird vorbereitet.

1429

Im Frühling wird die Arbeit durch den Krieg mit Lucca unterbrochen. Brunelleschi ist «an der Front» und versucht, den Serchio-Fluß umzuleiten, um Lucca
unter Wasser zu setzen – was mißlingt.

1430

Brunelleschi kommt im Juni zurück. Die Arbeit, die Battista allein geleitet
hatte, läuft wieder voll an.

1432

Ein Holzmodell für den Schlußring wird bestellt. Nachdem schon 1431 Neris Ziegelmodell der Kirche von 1367 im Auftrag der Operai zerstört worden war, wird auch Brunelleschis Kuppelmodell von 1418 auf dem Gelände der Dom-Opera abgerissen.

1433

Im Juli wird die Vollendung des dritten Ringankers gefeiert. Die Arbeit am letzten Drittel der Kuppel geht zügig voran.

1434

Die letzten vierundzwanzig Rundfenster für die oberste äußere Fensterreihe und für die letzten acht Fenster der Innenschale werden bestellt.

1435

Die Arbeit am Schlußring ist in vollem Gang.

1436

Während die Ziegelbedeckung der äußeren Schale noch bis 1438 andauert, wird im Sommer der Schlußring vollendet.

«Am 30. August 1436 legte Bischof Benozo Federighi von Fiesole … den feierlichen Schlußstein und weihte die Kuppel ein beim Klang von Trompeten und Pfeifen, mit einer Mahlzeit von Brot, Wein, Fleisch, Früchten, Käse und Makkaroni, die vorbereitet waren für die Meister und die Uffiziales Cupolae der Dom-Opera und die Kanoniker und Priester der Kirche zum Fest der Einweihung, gefeiert am 30. August 1436 anläßlich der Schließung der Kuppel, und für den Bischof, der zur Einweihung auf die Kuppel stieg. Die Kuppel war beendet.»[39]

Der Weg zur Laterne – eine Baubegehung der Kuppel

Nachdem wir die Konstruktion der Kuppel mit ihrer Vorgeschichte und ihren vielseitigen Bedingungen kennengelernt haben, ist es zum besseren Verständnis des gesamten Bildes wichtig, daß wir den Bau noch einmal aufmerksam durchsteigen und uns an jeder Stelle bewußt machen, wo in seinem Organismus wir uns befinden und was jedes einzelne Bauglied bedeutet. Nur so, durch ein Aufwachen auch im Sinneserlebnis, werden wir dem Besonderen dieser Architektur ganz gerecht und können die Leistung Brunelleschis würdigen. Die Beschreibung soll also allein der Orientierung vor Ort dienen und in der Kuppel selbst unmittelbar auf die Phänomene hinweisen, die in den vorigen Kapiteln systematisch behandelt wurden; einige Wiederholungen sind deshalb unvermeidlich.

Wir haben uns von außen und von innen die Größe der Kathedrale zum Erlebnis gebracht; haben außen gesehen, wie im Norden, Osten und Süden die drei Riesenapsiden (le tribune) von Chor und Querschiff an das Oktogon anschließen, von einem niederen Kapellenkranz umrundet, mit Halbkuppeln überwölbt; wie in den Winkeln zwischen ihnen noch einmal turmartige Pfeiler hoch hinaufführen, oben von Brunelleschi mit halbrunden Renaissance-Kapellen abgeschlossen. Diese Pfeiler, die Apsiden und das Langschiff sollten stützend die Seitenschubkräfte auffangen, die von einer Kuppel dieses Ausmaßes zu erwarten waren. Nun aber ragte der Tambour noch einmal 13 m über das Vierungsoktogon hinaus, durch keinen Pfeiler mehr von außen gehalten. Innen haben wir staunend im achtseitigen Riesendom gestanden, die über alles Maß gewaltigen Pfeiler gesehen, aber auch Risse bemerkt, die sich vor allem in den Wänden der Pfeiler zwischen den vier Bögen der Vierung gebildet haben (ab der Galerie in Kämpferhöhe) und durch den Tambour hinauf bis an den Fuß der Kuppel reichen. Hat Giovanni d'Ambrogio, der Bauleiter vor Brunelleschi, die sprengenden Kräfte der Kuppel unterschätzt und diese Seite der großen Trommel unter und über den Rundfenstern nicht genügend durch Ringanker verklammert? So wie die großen Stützen des Mittelschiffes durch doppelte schmiedeeiserne Zugbänder verbunden sind, die den Seitenschub auffangen sollen, waren auch die ungeheuren Pfeiler, die den Bogen zwischen Langhaus und Oktogon bilden, durch Zugbänder unter dem dreifachen Blattfries der Kämpferzone gehalten. Unter Brunelleschi wurden sie jedoch wieder entfernt.

Vorn im rechten Seitenschiff beginnt der Treppenaufgang. Er verläuft ganz im

Südwest-Pfeiler hinauf bis in den halbrunden Raum von Brunelleschis Pfeiler-Kapelle. Wir befinden uns jetzt in der Höhe der untersten Galerie, die innen über den großen Bögen des Mittelschiffs und der Apsiden um die ganze Kirche zieht. Über uns ein mit Holz verkleidetes Zugband, das die Halbkuppel halten soll. Auch hier und in der folgenden, nun durch die Wand des Oktogons führenden Wendeltreppe klaffen Risse. Wir betreten die untere Tambourgalerie in der Mitte der Südwest-Seite. Der Tiefenschock, den man früher hier erlebte, wenn man aus der schützenden Mauer frei an das Geländer trat, wird durch die Plastikscheiben auf seinem Handlauf verhindert. Wir wandern am Fuß des Tambours entlang der Südseite des Oktogons. 13 m über uns sehen wir die Balustrade der Galerie, die die Oberkante des Tambours markiert. Dort, rund um den inneren Ansatz der Kuppel, befand sich für über zwanzig Jahre Bauzeit die große Materialplattform.

In der Südostwand des Tambours steigen wir links vom großen Rundfenster empor. Die Wendeltreppe erreicht nach sechsundsechzig Stufen genau auf der Höhe der obersten Galerie einen waagerecht verlaufenden, in der Mitte leicht abgewinkelten Gang von ca. 6 m Länge. Rechts führt ein Zugang nach innen zur Galerie, links einer zur äußeren, überdachten Marmorgalerie, die nur an dieser einen von acht Kuppelflanken verwirklicht wurde: der «Grillenkäfig». Wir befinden uns auf der Ebene, auf der Brunelleschi die Bauarbeiten übernahm. Von hier ab ließ er 3,50 m in pietra forte aufmauern; die eigentliche Kuppelwölbung beginnt etwa 1 m über dieser Ebene an der Innenseite. Rund 15 cm über der Höhe des Fußbodens liegen, für uns nicht sichtbar, auf jeder der acht Seiten die zwölf großen macigno-Querbalken des Stein-Ringankersystems. Rechtwinklig zum Wandverlauf angeordnet, ragen ihre Köpfe – wie wir von der Straße gut beobachten können – außen aus dem rohen Mauerwerk am Kuppelfuß heraus. Sie bilden die Schwellen für die beiden über ihnen liegenden «Stein-Ketten», die offensichtlich vom Treppenaufgang durch den Tambour und durch die Zugänge zu den beiden Galerien an dieser Stelle ebenso durchtrennt sind wie die Querbalken durch den 6 m langen Gang. «Angeschnittene» Balken finden wir aber nicht; die Gänge sind offenbar sauber verkleidet.

Achtzehn Stufen führen uns nach oben auf den ersten Umgang U1, den wir genau in der Wandmitte der Südost-Seite erreichen. Wir befinden uns also auf der untersten der drei durch horizontale Laufgänge gebildeten Kuppeletagen. Ein waagerechter Fensterschacht durch die äußere Schale erlaubt hier den Blick auf S. Croce. Sind wir schlank genug, vom Eisengeländer in das Fenster zu kriechen, so sehen wir unter dessen Außenkante die im Bauprogramm festgelegte Regenrinne, allerdings aus Sandstein. (Das Bauprogramm gibt Marmor an – ist sie hier ersetzt worden?) Darüber beginnt sehr steil das rote Ziegeldach.

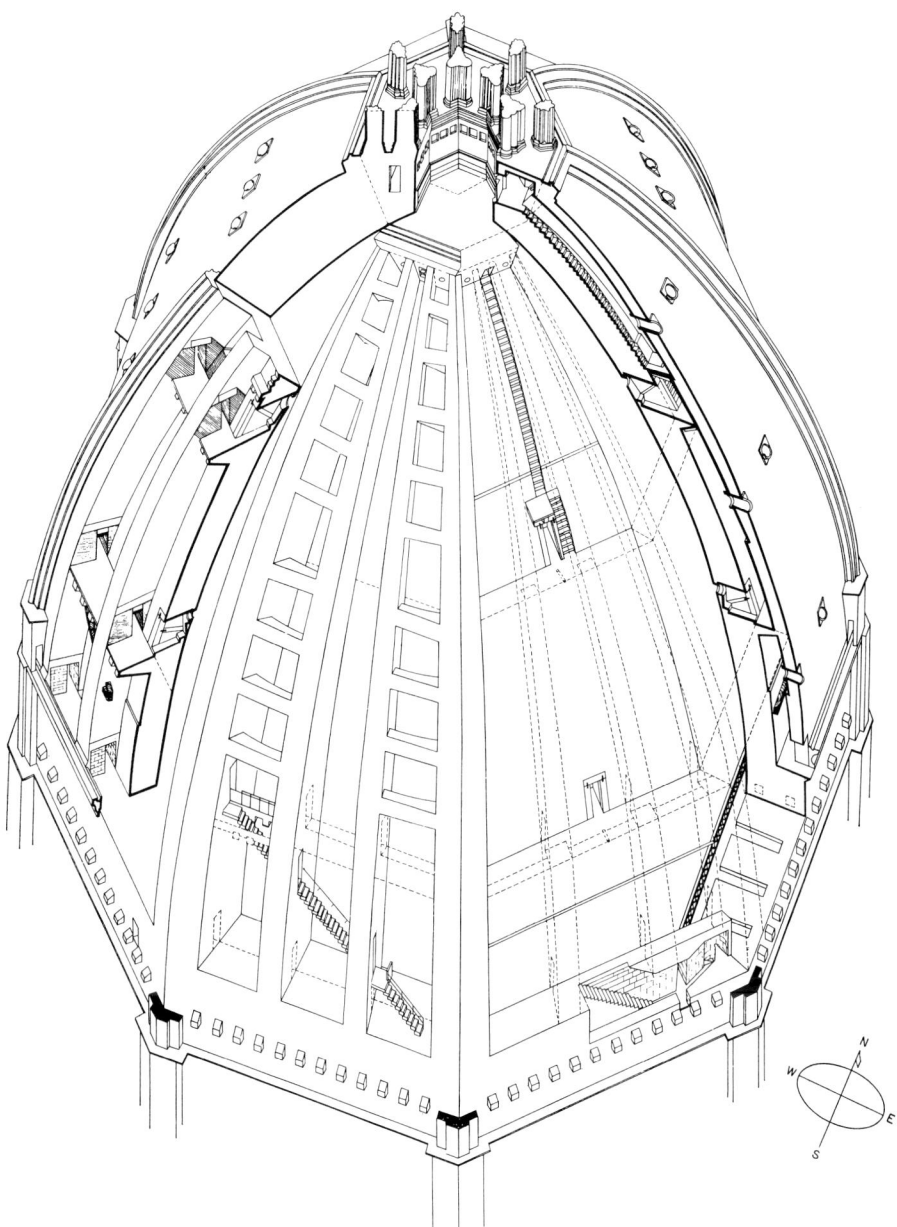

Stereometrischer Schnitt durch die Kuppel von Prof. H. Siebenhüner. Rechts erfolgt der Schnitt durch die Ost-Kappe; in der Südflanke sind die Treppenanlagen von U1 nach U2, die Zwischenpfeiler und die neun Reihen Horizontalbögen zu erkennen; links sind die Umgänge U1, U2 und U3 mit den Passagen durch die Pfeiler sichtbar.

Abb. 14: Holzbalken-Ringanker zwischen U1 und U2. Der Ringanker verläuft hier in einem Seitenfeld. Vor dem Zwischenpfeiler zum Mittelfeld der Gewölbekappe ist er durch Schäftung mit dem folgenden Balken verbunden.

Abb. 15: Schäftung des Holzbalken-Ringankers.

Auf dieser wichtigen Ebene U1 ist es gut, sich noch einmal den Wechsel im Wandaufbau klarzumachen. Zu unseren Füßen liegt das massive Mauerwerk. Wir erinnern uns, daß seine Stoßfugen ebenso wie die darin eingebetteten Querbalken des ersten Ringankers rechtwinklig zum geraden Wandverlauf ausgerichtet sind. Auf unserem Niveau U1 teilen sich aber nicht nur die Kuppelschalen. Auch die acht Hauptpfeiler und die sechzehn Zwischenrippen beginnen hier. Und es beginnt hier – an den schräg, also radial ausgerichteten Flanken der Zwischenrippen deutlich ablesbar – ein neues Prinzip in der Orientierung des Mauerverbandes: Ebenso wie die Pfeiler und die macigno-Querbalken des zweiten Ringankers – von hier aus gut sichtbar hoch über uns unter U2 – sind

Abb. 16: Die «Schwellen» des Stein-Ringankersystems unter U2. Auf diese Schwellen sind in der Innenschale (links) und in der Außenschale (rechts) die «Stein-Ketten» des Ringankers aufgesattelt. Die Lage der Schwellen zeigt die schichtenschräge Anordnung des Systems.

Abb. 17: Schwellen des Stein-Ringankers unter U2. Die radiale Ausrichtung aller Bauglieder auf die vertikale Kuppelachse hin ist erkennbar. Links die Innenschale, rechts die Außenschale.

vor allem die Stoßfugen des Mauerwerks selbst radial auf die senkrechte Mittelachse der Kuppel gerichtet. Die Ziegelschichten, die über unseren Köpfen beginnen, deuten in ihrer Schräglage ihrerseits auf den Mittelpunkt der Kuppelkurve.

Gehen wir auf gleicher Höhe bis zum ersten Eckpfeiler weiter, so sehen wir sehr deutlich – beleuchtet durch einen kleinen waagerechten Lichtschacht links in der Außenschale – an der Türkante des Pfeilers das hellbraune pietra-forte-Mauerwerk (sauber gefügte Schichten von Kalksandstein, zwischen 12 und 28 cm Stärke) und darüber den massiven grauen Türsturz aus macigno-Sandstein. Über diesem, etwa 2,50 m über U1, beginnt schon das Ziegelmauerwerk.

Abb. 18: Stoß eines Stein-Ringankers. Bei U2 schneidet der Treppenaufgang die Außenschale an: Es ist die einzige Stelle, an der die Längsbalken des Ringankers, ein «Stoß» zweier Balken und zugleich ihre Aufsattelung auf die hier wegen der Treppe durchtrennten Querschwellen sichtbar werden.

Mit macigno-Balken von 42 x 46 cm Querschnitt sind auch die weiteren Durchgänge überdeckt.

Etwa 4 m über uns beginnt sich die innere Schale nach einem schmalen Absatz um 10 cm zu verjüngen. In dieser Höhe sehen wir auch den hölzernen Ringanker aus Kastanienbalken. Interessant ist die Lage dieses Gürtels, der nur in der Mitte der Kappen an der Außenseite des Kuppelhohlraums liegt, die Eckpfeiler dagegen weiter innen umklammert. Er beschreibt also einen «Bogen» über der gerade verlaufenden Innenkappe und nimmt dadurch an der kreisförmigen Anlage aller Bauglieder teil. Hinter dem Balken befindet sich ein Absatz, der anzeigt, daß auch die Außenschale um 10 cm dünner wird.

Gleich hinter dem Treppenaufgang nach U1 herauf, im mittleren Feld der Südostseite, können wir die starke Rißbildung in der Innen- und Außenschale mit Händen greifen. Zentimeterbreit zieht sich der Spalt in der Mitte der Gewölbekappe bis unter den nächsten Umgang.

Im Winkel führt nun der Weg durch den Eckpfeiler (Blick auf das Museo Nazionale del Bargello) ins Südfeld der Kuppel. Gleich nach dem Pfeiler steigt die Treppe elf Stufen an der Außenschale empor. Wir berühren mit dem Kopf

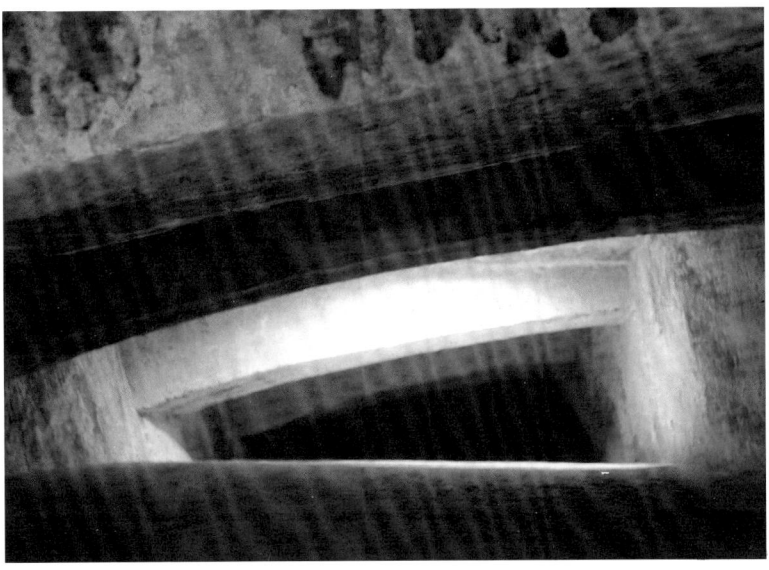

Abb. 19: Horizontalbögen zwischen U2 und U3. Die vier Horizontalbögen eines Seitenfeldes sind zu erkennen, ebenso ihre «konische Form» und die «radiale Ausrichtung» des Hauptpfeilers (links) und des Zwischenpfeilers (rechts). Parallel zur unteren Bildkante die Wölbung der Innenschale.

fast die Schäftung der zwei Kastanienbalken aus Eichenplatten mit Eisensplinten. Links ist zum erstenmal die Außenschale etwas ausgespart, um Raum für die Treppe neben dem Gang U1 zu schaffen; der Kuppelzwischenraum verbreitert sich dadurch von 1,20 auf 1,35 m. An dem ersten Zwischenpfeiler der Südseite, vor dem wir nach elf Stufen stehen, sehen wir zum erstenmal genauer das Mauerwerk aus flachen, langen, klinkerartig gebrannten Ziegeln. Über Augenhöhe zeigen sie deutlich den schrägen Verlauf der Schichten. Die Stärke der Ziegel variiert hier zwischen 4 und 6 cm.

Nach weiteren fünfunddreißig Stufen haben wir die Südseite mit ihren zwei Zwischenpfeilern durchquert – unterwegs können wir eines der zweiundsiebzig großen, aus quadratischen macigno-Blöcken gehauenen Rundfenster genauer betrachten – und stehen vor dem nächsten Hauptpfeiler (Blick auf Orsanmichele). Damit erreichen wir den Umgang U2, betreten also die mittlere Etage.

Erst ab hier sehen wir den Fischgrätverband. Im gewinkelten Gang durch den Pfeiler bemerken wir schräge Bänder von senkrecht gestellten Ziegeln, die in ca. 2 Ellen Abstand, der Steigrichtung der Treppen entgegengesetzt, diagonal nach

Abb. 20: Durchgang durch einen Eckpfeiler bei U2. An der linken Mauerkante erkennt man die auf den Mittelpunkt der Kuppelkurve weisende «schichtenschräge Anordnung» des Mauerwerks. Vom Innenwinkel des Durchgangs fallen die Schichten durch ihre «konische Anordnung» zur Kappenmitte hin ab.

Abb. 21: Fischgrätverband im Durchgang durch einen Eckpfeiler bei U2.

oben laufen. Die etwa 25 cm langen senkrechten mattoni durchstoßen vertikal je vier Ziegellagen.

In diesem Pfeiler können wir ein weiteres, wichtiges, schon theoretisch erörtertes Phänomen beobachten. Hatten wir zwischen U1 und U2 festgestellt, daß alle Bauglieder radial ausgerichtet sind und die Horizontalschichten sich schräg zum Zentrum des Radius der Kuppelkurve neigen, so sehen wir jetzt beim Durchgang durch den Pfeiler zwischen Süd- und Südwest-Flanke, daß diese eigentlich horizontalen Schichten von dem flachen Innenwinkel des Durchgangs im Hauptpfeiler ab auch nach beiden Seiten, jeweils zur Mitte der angrenzenden Gewölbekappen hin, in deutlichem Winkel abwärts laufen; beim ersten

Abb. 22: Fischgrätverband seitlich des Treppenaufgangs.

Zwischenpfeiler liegen sie schon flacher, ziehen in der Mitte der beiden Kappen waagerecht, um dann wieder in einer Kurve anzusteigen zum nächsten Eckpfeiler. Wenn wir unser Vorstellungsvermögen anstrengen und uns auch die Schräglage der Schichten in den Winkeln der Pfeilerdurchgänge klarmachen, verstehen wir, wie die konische Anlage der Schichten dort im waagerechten Mauerwerk die schon beschriebenen «halbgeöffneten Bücher» und somit den Bruch der Schichtenanordnung im Bereich der Pfeiler vermeidet.

Direkt links beim Treppenaufgang durch den zweiten Zwischenpfeiler der Südflanke – kurz vor Erreichen des Umgangs U2, wir haben den Palazzo Vecchio im Visier – sind drei der Querbalken des zweiten Steinringankers von der

Abb. 23: Macigno-Rundfenster in der Außenschale zwischen U1 und U2. Sie
sind aus einem massiven Sandsteinblock gefertigt.

Treppe durchtrennt. Wir erkennen am Anschnitt leicht ihre schräge Lage. In der Außenschale, längs des Aufgangs, in Fußbodenhöhe von U2, können wir horizontal über ihnen zwei der langen macigno-Balken studieren, die die «cerchi di forti macigni» bilden, aufgesattelt auf zwei der im Querschnitt sichtbaren durchtrennten «macigni lunghi per lo traverso». Wir sehen ihren Stoß in der Mitte und müssen ihn uns durch verzinnte Eisenklammern verbunden denken. Über dem Stoß liegt noch ein zweiter, schmälerer Steinbalken als zusätzliche Verklammerung, darüber erst das normale Mauerwerk. An dieser Stelle bemerken wir auch, daß die äußere Schale ein zweites Mal für einen Treppenaufgang angeschnitten ist, sogar um etwa 45 cm.

Insgesamt achtundfünfzig Stufen führen von dem Umgang U2 in das dritte Stockwerk U3. Wir müssen die ganze Südwest-Flanke durchqueren, steigen durch deren zwei Zwischenrippen, dann durch den nächsten Eckpfeiler und wieder eine Zwischenrippe, bis wir den Umgang U3 in der Mitte der Westflanke erreichen, die auf das Dach des Doms weist (Blick auf Santa Maria Novella). Auf diesem Wege können wir wieder eine Reihe von Beobachtungen machen.

Als neues Bauelement fällt uns das System der ersten vier Reihen übereinander angeordneter waagerechter Bögen auf, die sich jeweils von den Hauptpfeilern zu

Abb. 24: Treppenverlauf zwischen U2 und U3. Man erkennt links oben einen Horizontal-bogen, in der Mitte den Durchgang durch einen Zwischenpfeiler, rechts die Wölbung der Innenschale mit Fischgrätverband.

den Zwischenrippen spannen. Im mittleren der drei Schmalfelder der Kappe, wo wir wenigstens noch eine Spur dieser Horizontalbögen suchen, finden wir nichts. Ihre Form und Lage ist schwer zu beschreiben; doch hier können wir sie aus der Nähe studieren und versuchen, uns aus der unmittelbaren Anschauung Gedanken über ihren Zweck zu bilden. Interessant ist immerhin der Nachsatz in Brunelleschis Programm zu der Anordnung, diese Bögen zu bauen: «Und wenn diese Zufügung (die Bögen) je dem Auge roh erscheinen oder die Durchgänge und Treppen behindern sollte, kann sie entfernt werden, sobald die Kuppel fertig ist, (denn sie dient dazu,) damit die Kuppel mit größerer Sicherheit vollendet werden kann.» In den Pfeilerdurchgängen des dritten Umgangs werden wir tatsächlich solche temporären baulichen Sicherheitsmaßnahmen bemerken.

Vierundvierzig Stufen über U2, im ersten, schmal gewordenen Streifen des Westfeldes, sehen wir dann das zweite System von fünf Bogenreihen, das in der obersten Kuppeletage über U3 liegt, bis dicht unter den Schlußring. Der vierte Bogen nach oben hin wölbt sich seltsamerweise den übrigen entgegen. Darüber sehen wir kleine Rundfenster zum Innengang U4 über dem Schlußring. An den Pfeilern, durch die U3 läuft, können wir die schon enorm steile Lage der Ziegelschichten studieren. Stellen wir uns wenigstens einen Augenblick die Kuppel in der Bauphase in Höhe des dritten Umganges vor, ohne stützendes Lehrgerüst, und die Maurer auf den schrägen Schichten, mit vielleicht nur einem Bretterschirm zum Abgrund hin! An diesen Pfeilerdurchgängen ist das beiderseitige Absinken der Ziegelschichten, bedingt durch die konische Schichtenlage, noch um vieles deutlicher zu bemerken.

Unter U3 sehen wir wieder die macigno-Querbalken des dritten Steinankers. Ihre Zahl ist allerdings verringert, nur zwei pro Drittelfeld sind sichtbar; und ihre Lage ist – waagerecht! Die Querbalken dieses Ringankersystems wurden zwar noch radial ausgerichtet, aber nicht mehr der starken Schrägneigung der Ziegelschichten angepaßt. Allerdings finden wir unmittelbar darüber in allen Durchgängen von U3 durchtrennte, den schrägen Lagefugen folgende macigno-Querbalken, in den Eckpfeilern zwei, in den Zwischenrippen je einen. Dienten auch sie nur zur Verklammerung der Schalen bis zur Vollendung der Kuppel? Ganz offensichtlich sind sie «weggespitzt» worden, nachdem diese fertig war, um die Durchgänge von U3 freizumachen.

Von U3 an steigt die Treppe nun in der westlichen Kappe gerade über das obere Drittel der Wölbung zum Schlußring U4. Entsprechende Stufenleitern findet man auf allen acht Seiten von U3 nach U4. Wir überschreiten auf diesem Weg den zweiten 10 cm-Absatz, durch den sich die Innenschale noch einmal verjüngt. Ein Griff durch eines der Rundfenster der höchsten Reihe hinaus auf

Abb. 25: Treppenverlauf im oberen Kuppeldrittel. Die Treppe steigt von U3 an in einem mittleren Gewölbefeld «vertikal» auf dem Rücken der Innenschale zum Schlußring empor. Oben die Außenschale mit einem Rundfenster, rechts und links die Zwischenpfeiler der Gewölbekappe.

Abb. 26: Verjüngung der Innenschale. Dieser Absatz im oberen Kuppeldrittel verringert die Stärke der inneren Kuppelschale noch einmal um 10 cm.

die Dachfläche läßt uns die Ziegel tasten: Sie sind satt im Mörtelbett auf dem Mauerwerk der Außenschale befestigt. Wie der kompliziert gebaute Schlußring das Gewölbe verspannt, wo die Pfeilerköpfe und die Kappen enden, ist nicht leicht durchschaubar. Leider ist uns der Blick durch eines der quadratischen Fenster in die achtseitige Öffnung unter der Laterne nicht gestattet.

Unsere Überlegungen zur Funktion des Fischgrätverbands im Mauerwerk finden wir hier noch einmal bestätigt: Die Ziegel mußten möglichst so gelegt werden, daß die zu erwartende Kraft senkrecht auf ihre Oberfläche trifft. In den Ziegelverbänden der Außenseite des Schlußrings sehen wir die waagerechten und die senkrechten Ziegellagen in unmittelbarem Wechsel; anders gesagt, die diagonalen Fischgrätbänder laufen im Abstand von nur noch einer Ziegelbreite. Das weist darauf hin, daß hier vertikale und horizontale Kräfte in gleichem

Abb. 27: Mauerwerk im Schlußring. Der Rahmen des Schlußrings ist aus mächtigen macigno-Balken gefügt (links), das Mauerwerk (rechts) zeigt seinen Fischgrätverband. Das kleine Rundfenster belüftet einen der vierundzwanzig schmalen Innenräume zwischen den Schalen des oberen Drittels.

Abb. 28: Marmoreckrippen und Ziegeldeckung von der Plattform aus.

Maße aufgefangen werden müssen. Die vertikalen kommen von der Auflast der großen Laterne, die den Schlußring wie einen Keil in den Kranz der vierundzwanzig hier zusammenlaufenden Rippen und ihre Köpfe drückt; die horizontalen entstehen durch das Verkeilen im Ring selbst. (In dem Schlußring der Pazzikapelle, der nicht die Keilform hat, sondern einem gemauerten Brunnenschacht gleicht, sind sogar alle Ziegel vertikal gesetzt; das ist dort möglich, weil die Auflast der Laterne sehr gering ist.)

Von der Ringplattform dieses von Filippo errichteten Stadtgipfels aus haben wir sein architektonisches Werk, das zum großen Teil gleichzeitig mit der Kuppel entstand, rings unter uns ausgebreitet.: Die Sagrestia vecchia und S. Lorenzo; das Ospedale degli Innocenti, das unvollendete Oktogon von S. Maria degli Angeli und die Pazzi-Kapelle, die sich hinter S. Croce verbirgt; jenseits des Arno schließlich sehen wir S. Spirito und im Gewirr der Dächer S. Felicità mit der Cappella Barbadori; diesseits des Arno ahnen wir den Palazzo di Parte Guelfa, zu dem Filippo einen nicht vollendeten Beitrag geliefert hat. Gehört auch die zentrale Anlage des Palazzo Pitti dazu, die man heute Brunelleschi zuschreibt?

Das Wagnis der Form

*Fassi una altra cupola di fuori sopra questa ... perche torni piu
magnifica e gonfiante*

*Eine zweite äußere Kuppel soll über diese innere gebaut werden ...
damit sie prächtiger und aufgeblähter erscheine.*
Filippo Brunelleschi, 1420

Der Betrachter, dem es nicht nur um einen flüchtigen Eindruck von der Kuppel
ging, sondern der wirklich den mühsamen, langen Weg gegangen ist, den diese
Baubeschreibung anbietet, und die Kuppel von innen und außen immer genauer kennengelernt hat, mag das Bedürfnis fühlen, bewußter auf die Form zu
blicken, die ihn zuerst beeindruckt und seine Bewunderung geweckt hat. Das ist
nicht leicht; denn die Schönheit der äußeren Gestalt erschließt sich uns unmittelbar auch ohne Worte und wird, selbst wenn wir durch Monate hindurch aus
der Nähe und der Ferne die immer neue Probe machen, sich im Gefühl behaup-
ten. Wer viel über die Kuppel liest, stellt dann aber fest, daß ein großer Teil
dieser Schönheitswirkung sich dem deutlichen Begriff entzieht – und erst recht
den stilistischen Kategorien! Der Versuch, einige Beobachtungen zu beschreiben, sei dennoch gewagt.

Der unmittelbare Eindruck der Kuppel ist der einer außerordentlichen plastischen Fülle. Keine Kuppel in der Geschichte der Baukunst hat je vorher ein
solches Volumen entwickelt und stolz nach außen gezeigt. Aber diese plastische
Masse, die, für sich genommen, etwas dumpf Quellendes hätte, zerfließt nicht,
ist nicht diffus wie etwa die große Kuppel der Cappella Medicea, die Brunelleschis Cupolone nachäfft. Sie ist gehalten und zugleich gegliedert durch den
Rahmen der Marmorprofile. Deren unvergleichlich gespannte Kurve gibt dem
plastischen Körper Kontur und die Kraft klarer Abgrenzung. Erst ihre Linie
formt, was für sich genommen nur schwere Masse wäre. Körperhafte Fülle und
deutlich umrissene Gestalt sind vollkommen verbunden.

Die Kuppel hat auch Schwere und Gewicht. Nicht eine Spur finden wir (die
Funktion der Laterne einmal ausgenommen) von der zum Himmel strebenden

Geste eines gotischen Turms, etwa des nach Jacob Burkhardt «schönsten Turms der Christenheit» in Freiburg. Breit ruht sie auf dem riesigen Oktogon des Tambours. Nicht gotische Himmelssehnsucht ist ihre Gebärde, sondern Bejahung des Diesseits, des tätigen Hier und Jetzt. Aber auch dieses gewichtige Lagern ist ausgeglichen durch die aufstrebende Linie der Marmorrippen und ihre Bündelung in der Laterne. Das Licht und die Leichte dieser Geste durchdringen und überwinden das schwere Lasten. Dieser Eindruck kommt allerdings nicht ganz rein zur Geltung, da die von Brunelleschi geplante doppelte Marmorgalerie am Fuß der Kuppel nicht gebaut wurde; der unglückliche «gabbio di grilli» («Grillenkäfig»)[40] an der Südwestseite gibt uns kein Bild vom ursprünglichen Entwurf. Die markante Abgrenzung nach unten hin, die die im Programm angegebene Galerie sicher bewirkt hätte, fehlt. Die dumpfe plastische Kraft und das lastende Gewicht erscheinen an der Basis nicht so vollkommen gebändigt, wie der Architekt es wollte.

Der breite, gegliederte Marmorstreifen hätte aber die Kuppel nicht nur stärker verselbständigt, sondern als klare Horizontale sie auch dem übrigen Dom wieder stärker verbunden. Denn Waagerechte und Senkrechte bilden das dritte antagonistische Paar, das die Gestalt der Kuppel bestimmt. Die mächtige Horizontale der Galerie würde, zusammen mit der feineren des Schlußringes, die Horizontale des Doms und der weit in der Arno-Ebene gelagerten Stadt aufgreifen. Aber welch eine Vertikale durchdringt dieses Ruhen, weckend und ichbewußt! Der stolze Giotto-Turm, der torre des Palazzo Vecchio bleiben nicht nur hinter der schieren Höhe, sondern auch hinter dieser beherrschenden Senkrechte zurück, die durch die Mittelachse der Kuppel nach oben strebt, um in den Linien der Marmorlaterne zu versprühen.

Einen weiteren starken Eindruck empfangen wir vom Material. Ob Marmor als Dachbedeckung – wie beim Baptisterium verwirklicht – je zur Diskussion stand oder wegen der großen Kosten und der Empfindlichkeit gegenüber dem Wetter von vornherein zugunsten von Ziegeln abgelehnt wurde, wissen wir nicht, ebensowenig, wer die Ausführung aller sichtbaren Mauerteile in weißem Marmor anordnete. Sicher gehen wir aber nicht ganz fehl, in dem reinen farblichen Doppelklang von Rot und Weiß doch auch Brunelleschis Entwurf zu sehen. Eine Marmorkuppel dieser Größe hätte fremd das rote Meer der Dächer überblendet. Dumpf und zu irdisch hätte eine reine Ziegelkuppel gewirkt. Im Kontrast steigern sich aber beide Elemente zu ungeheurer Wirkung. Die erdhafte Wärme der roten Ziegelschalen wird gegliedert und gehalten vom Licht der Marmorrippen, der Laterne und der Galerie (die wir uns ja dazu denken müssen).

Beide Materialien aber, Marmor und Ziegel, verwirklichen noch eine andere künstlerische Polarität: die der Linie und der Fläche. Denn jede Kappe erscheint rein und individuell in ihrer Flächenwirkung, läßt die mehr bunten, kleinteilig gemusterten Wände des noch mittelalterlichen Domes unter sich; und jede Linie gibt sich deutlich in ihrer rein gezeichneten Kurvenspannung. Die Architektur ist hier nicht nur gestalteter Raum, sondern auch malerisches Bild – und ein sehr lebendiges zudem, denn die zarten Schleier der Morgenstunde in der Flußebene, das strahlende Licht des Mittags, der verdämmernde Tag oder der Widerschein der nächtlichen Stadt mischen in diesem Bild die Farben und Schattenwirkungen jeweils anders. Daß es als visueller Eindruck alle übrigen im Stadtbereich übertrifft, ist leicht zu verstehen, denn zu den geschilderten Eigenschaften macht sich auch die unmittelbar erlebte Größe geltend. Aber auch aus weiter Entfernung, aus den Olivenhainen von Settignano oder vom Bergsattel Fiesoles aus, behauptet sie sich. Selbst vom hohen Poggio di Firenze, aus fast 15 Kilometern Entfernung, ist die Kuppel im Dunst der Stadt als das einzige erkennbare und genau bestimmte Gebäude noch faßbar.

Die Frage, ob dieses Bauwerk noch gotisch sei oder schon ein erster Triumph des Renaissancestils, sollten wir gar nicht erst stellen – denn was an diesem so sinnenhaft-deutlichen, körperhaft-faßbaren Gebilde soll gotisch sein? –, wohl aber die andere Frage: Was ist an ihm Brunelleschis Werk? Denn wieviel schon vorbestimmt war, hat uns die Geschichte des Dombaus gelehrt: die steile Wölbung, der oktogonale Grundriß, vermutlich auch die Laterne. Aber ein Blick auf den Anfang des Programms zeigt uns, wie frei der Künstler mit dem vom Plan vorgegebenen Motiv schaltet. «Eine zweite äußere Kuppel soll über diese (innere) gebaut werden ... damit sie prächtiger und aufgeblähter erscheine.» Hier lesen wir es deutlich genug: Auf die «aufgeblähte» Form kam es Brunelleschi an, auf die plastische Wirkung. Ganz eindeutig wird bestimmt, daß die Kuppel sich nicht verstecken, sondern sich voll zur Geltung bringen soll.

Die Dokumente berichten von Bemühungen, das Profil der Eckrippen festzulegen. Auch da geht es nicht ohne eine Ausschreibung und die Konkurrenz zu anderen ab. Brunelleschi gewinnt mit einem Entwurf, in dem die Marmorrippen stark betont sind. Er gewinnt auch den Wettbewerb um die runden Dachfenster, die, im Ganzen ein eher nebensächliches Detail, doch im Kleinen zeigen, wie sorgfältig der Architekt Wirkungen gegeneinander abwog. Denn die neun Fenster in jeder Ziegelflanke gliedern deutlich die Außenfläche in vier Höhenstufen. Ihre geraden Seiten greifen die Linie der ihnen parallel laufenden weißen Eckrippen auf, die Rundfenster selbst wiederholen das oculus-Motiv im Obergaden der Kirche und im Tambour. Warum aber sind sie der einzig sichtbare Teil des Mauerwerks, der nicht in Marmor gestaltet ist? Weißer Marmor hätte störend die Einheitlichkeit der roten Flächen unterbrochen und den Rundfenstern ein optisches Gewicht verliehen, das ihnen nicht zukommt. Wäre die Doppelgalerie am Fuß der Kuppel nach dem Entwurf Brunelleschis gestaltet worden, dann hätten wir zweifellos ein weiteres Element, das uns sein Gefühl für das künstlerische Spiel zwischen Form und Schmuckwirkung unter Beweis stellte – und ein weiteres Beispiel seines «neuen Stils» dazu.

Aus diesen Indizien können wir sehen, daß Brunelleschi nicht nur der Konstrukteur der Kuppel war, sondern auch, was die feinere Form, die Linie, das Material und die Farbe betrifft, der Gestalter, trotz der bindenden Vorgaben. Mißt man an diesen das von ihm selbst Geschaffene, so kann man es nicht hoch genug einschätzen. Ganz sein schöpferisch-eigener Entwurf ist die Laterne. Sie gibt der Kuppel erst ihren eigentlichen Sinn. Nachdem wir dieses wunderbare Gebilde bisher ganz ausgeklammert haben, kann es nun deutlicher vor unserem Blick erscheinen.[41]

Für die Laterne, die die Kuppel krönen sollte, hatte Brunelleschi noch weniger ein formales Vor-Bild als für deren zweischalige Bauweise selbst, für die das Baptisterium immerhin entscheidende Anregung gegeben haben mochte. Zwar gab es Kuppellaternen in der byzantinischen Baukunst und auch im Abendland, doch haben sie alle ein ähnliches Verhältnis zu der Kuppel, die sie belichten, wie die zierliche Marmorlaterne eben des Florentiner Baptisteriums zu dem Zeltdach, das das Kappengewölbe darunter verbirgt; eine Beziehung zu der konstruktiven oder der statischen Realität des Gebildes unter ihr hat diese Laterne nicht, kaum bedeutend in ihrer Funktion als Fenster, sitzt sie kühl, zierlich und gewichtslos-fremd auf dem Marmordach, ein reiner Schmuck, auch nicht in Andeutungen herausentwickelt aus dem Kräfteorganismus der Kuppel.

Wie anders Brunelleschis Laterne (siehe Abbildung 6, Seite 15). Schon viele Jahre, während der Bau emporwuchs, muß er um ihre Form, ihre ästhetische Bedeutung, aber auch um ihre statische Funktion gerungen haben. Das verrät uns die Tatsache, daß er die seit 1367 beschworene und im Modell von 1420 noch einmal festgelegte Kuppelkurve im oberen Drittel um wenige, doch entscheidende Grade steiler führt, ohne dadurch aber die Kuppelhöhe von geplanten 55 Ellen zu überschreiten.[42] Der doppelte ästhetische Zweck dieser Maßnahme ist offensichtlich: einerseits die acht stark profilierten Marmorrippen, die dem Kuppelleib die bestimmte, gestraffte Form geben, auch aus der Nähe, also vom Platz um S. Maria del Fiore aus, bis obenhin sichtbar zu erhalten, was bei einer runderen Kuppelkontur nur von entfernteren Standpunkten aus möglich gewesen wäre; andererseits aber auch eine breite Basis für die Laterne zu schaffen, die selbst eine beachtliche, auch aus weiter Ferne wahrnehmbare Größe und, trotz ihrer Feingliedrigkeit, körperhafte Fülle bekommen sollte.

Auf diese Plattform setzt Brunelleschi eine oktogonale Marmorkapelle, die betont die klaren, himmelstrebenden Kraftlinien der Vertikalrippen aufgreift, bündelt, in den senkrechten Gliederungen ihres Marmordaches verfeinert und erst in der goldenen Kugel zusammenschließt.[43] Dabei «stehen» – das ist die statisch-konstruktive Seite – die inneren Hauptpfeiler der Laterne unmittelbar auf dem oberen Rand der vorwiegend tragenden dicken Innenschale der Kuppel, die äußeren Strebepfeiler mit den Voluten auf dem größeren Ring der Außenschale. Wie die Außen- und die Innenschale im komplizierten, unsichtbaren Schlußring miteinander verbunden und verspannt sind, macht so die mit den Strebepfeilern sich doppelt abstützende Laterne sichtbar.

Wir fanden für das Aufsteilen der Kuppelkurve zwei Gründe, die auf die äußerlich wahrnehmbare Form zielen. Wolfgang Braunfels sagt, daß die «Laterne … allein künstlerischen Verpflichtungen, keinen praktischen nachkommt».[44] Das aber dürfte nicht die ganze Wahrheit sein, denn daß für das Einwölben ohne Lehrgerüst die Kuppelkurve im oberen Bereich steiler geführt werden mußte, ist verschiedentlich betont worden; die statische Bedeutung der Laterne als ein Gewicht, das den Schlußring verkeilt, ebenso. Unser prüfendes Auge spürt die beachtliche Last, mit der sie diesen «Schlußstein» des Gewölbes mit seinen vierundzwanzig Rippen verspannt. Gerade an solchen Phänomenen können wir aber ablesen, wie Brunelleschi die Konstruktion, die Funktion und die Form aus einem umfassenden Gedanken bildete. Er war nicht nur ein Ingenieur, der sein Bauwerk schließlich als Architekt auch noch zu schmücken verstand, sondern ein großer Baumeister, für den sich Konstruktion und Form noch nicht getrennt hatten; jedes einzelne Bauglied beweist das.[45]

Wie bei einer Pflanze im Blütenbereich ein Metamorphose-Sprung vom einfachen grünen Blatt zu den schöneren, feineren Blüten- und Staubblättern zu beobachten ist, so erhebt sich auch hier aus dem leicht geschwungenen, horizontalen Marmorring der Plattform die höhere Organisation der «Laternen-Blüte» wie aus einem Kranz von Kelchblättern. Die Laterne ist herausgewachsen aus der konstruktiven Idee und der Formgebärde der Kuppel, nicht beziehungslos als Schmuck auf sie gesetzt. Sie metamorphosiert die konstruktiven und formalen Elemente der Kuppel und steigert sie. Und wie die Blüte der Pflanze der lebendig-wuchernden grünen Organisation erst Name, Eigentümlichkeit, unverwechselbaren Sinn gibt, so hebt die Laterne Brunelleschis die mächtige, aber schlafende Kraft der Kuppel in die Bewußtseinshelle des toskanischen Lichts, die Individualität des Bauwerks erst eigentlich begründend.

Eine Fülle an fein ausgearbeiteten Formen hat Brunelleschi für die Laterne entwickelt und miteinander verbunden: Die Flachpilaster der Ecken, die über einem korinthischen Kapitell einen gestuften Architrav tragen, ihrerseits gestützt von Strebepfeilern mit schwungvollen Voluten[46] und einem Muschelmotiv in den Bögen; die Dreiviertelsäulen der Fensterlaibungen mit den fast maurischen kleinen Bögen über der Lichtöffnung; das ausladende, gezähnte Horizontalgesims, das den Dachansatz betont, sowie die halbrunden Nischen und seltsamen Fialen am Fuß des Kegeldaches, die die Öffnungen und die Stützen der Laterne darunter noch einmal verwandelt zeigen und «ausklingen lassen». Wer Stilbezüge sucht, wird Gotisches im vertikalen Aufstreben dieser Bauglieder, in den Stützpfeilern und Fialen finden, Antikes in der Formensprache selbst. Voll würdigen werden wir aber die Form dieser Laterne (und der ganzen Kuppel) erst dann, wenn wir das einmalig Künstlerische ihrer Gestalt erkennen, dem bestimmte, einem allgemeinen Stil entstammende Formen nur noch das Vokabular sind, in dem sich jenes aussprechen kann. Wir beobachten staunend, wie von dieser «Sternstunde der Menschheit» an der einzelne Genius seine individuelle «maniera» seiner Zeit mehr schenkt, als daß er sie von ihr als allgemeinen Stil der Epoche erhält.[47]

Wurde hier zu Recht die ganz individuelle Leistung eines eigen-gesetzten Stils betont, so muß doch auch noch ein anderer Aspekt erwähnt werden, der das Einseitige dieses Gesichtspunktes ausgleicht. Denn Brunelleschi ist zugleich der Architekt, der mit der Form der Kuppel – wie er sie neu deutet – ganz allgemein eine neue Entwicklungsstufe im Bewußtsein der Menschen auszudrücken vermochte, die kraftvoll nach Gestaltung drängte – wohl schon in Neri di Fioravantes Plänen. Es ist das im Renaissance-Menschen mächtig erwachende Selbstbewußtsein in Verbindung mit der ganz persönlich auftretenden Intelligenz,[48] das sich in der «Hauptesform» dieser Kuppel zum erstenmal seinen Ausdruck schafft, der dann nicht nur für Michelangelos Petersdom, sondern ebenso für die unzähligen anderen Kuppeln der folgenden Jahrhunderte bestimmendes Vorbild wurde. Die Baugebärde des Baptisteriums, das die Kuppel noch unter dem Zeltdach verbirgt und sich konzentriert nach innen wendet, um sich in den Imaginationen der Mosaiken auszuleben, wird von Brunelleschi wie ein Handschuh umgestülpt und nach außen in die Sichtbarkeit gekehrt. Die von innen gefühlte «Schädeldecke» von San Giovanni wird nun als schönes «Haupt» nach außen gezeigt – aber nicht als sphärisch-rundes, sich abschließendes Gebilde wie die islamischen Kuppeln, in denen noch eine abstrakt gewordene kosmische Intelligenz sich bewahren und innerlich spiegeln möchte, sondern durchdrungen von machtvoll-ichhafter Vertikalität, die in der wunderbar ausstrahlenden

Laterne ihren «individuellen Stern» in die Sichtbarkeit geholt hat. «Darauf …
kommt es an, daß wir in dieser und noch stolzer in Michelangelos allseitig
runder Kuppel das durch die gotische Epoche entwickelte, mächtig aufstrebende Ichbewußtsein in der Art ihrer selbstbewußt geschwungenen Überhöhungs-
kurve gegenüber der arabischen Kuppel empfinden … Die arabistische Kuppel
ist stehengeblieben, die abendländische fand den Weg zum wirklichen allseiti-
gen Selbstbewußtsein.»[49] So gibt Brunelleschis Domkuppel die Bild-Form für
die ganz persönliche, irdische und in sich selbst erwachende Intelligenz der
«Neuen Zeit». Zugleich aber ist sie die erste Verkörperung derjenigen Bauform,
die zum Leitmotiv der Renaissance und des Barock werden sollte: des Zentral-
baus. Wie Brunelleschi, indem er die gewaltige oktogonale Vierung mit seiner
Riesenkuppel überwölbt, dem alten Richtungsbau des noch gotischen Doms
S. Maria del Fiore einen vertikal aufstrebenden Zentralbau einfügt,[50] wie er
diesen Zentralbaugedanken in der wunderbaren architektonischen Miniatur der
Sagrestia vecchia in San Lorenzo zum erstenmal rein entfaltet und in der Cappella Pazzi mit der weckenden Helle eines säkularen, von Licht und Maß
durchklungenen Innenraums verbindet, ist von einer bewundernswerten schöpferischen Größe. Der Grundriß des uns erhaltenen Fragments der Rotunde von
S. Maria degli Angeli zeigt uns schließlich eine weitere neue, zukunftsweisende
Möglichkeit von Brunelleschis Zentralbau-Idee. Das umfassende Kapitel, das
darüber zu schreiben wäre, findet in diesem Buch keinen Platz mehr. Es würde
Brunelleschi nicht nur als den genialen Inaugurator der Renaissance-Architek-
tur in Florenz erweisen, sondern zu den in den vorangehenden Kapiteln genannten weitere wichtige Symptome fügen, die uns alle zeigen, wie alte Grup-
pen-Ordnungen zerbrechen, wie der Mensch sich seines Ich-Zentrums bewußt
wird und für dieses Gefühl eine neue architektonische Form sucht.[51]

DIE TAT
DES KOLUMBUS

«Die Kuppel von Santa Maria del Fiore: Gotik oder Renaissance? Ist diese große Konstruktion ein triumphaler Höhepunkt spätmittelalterlicher Bautechnik oder ein erster Posaunenstoß, der ein neues Zeitalter gewaltiger architektonischer Maßstäbe und schöpferischer Neuerungen ankündigt? Sind ihre technischen Mittel die letzte Ausarbeitung traditioneller Baumethoden oder kühne Erfindungen, die weit jenseits der Grenzen sowohl mittelalterlicher als auch antiker Praxis reichen? Ist die Form des Spitzbogengewölbes die Spur eines Architekturstils im Niedergang, und würde ein Kulturheros der Frührenaissance wie Filippo Brunelleschi vermutlich nicht eine Rundkuppel all' antica vorgezogen haben? Solche Fragen werden immer wieder gestellt und auf verschiedene Weise beantwortet.» [52]
Howard Saalman, 1980

Saalman beantwortet in seiner hervorragenden Monographie keine dieser Fragen, mit denen er beginnt, und macht Brunelleschis Tat nicht durch ein vergleichendes, entwicklungsgeschichtlich erhellendes Urteil historisch faßbar. Ihm genügt es, die physischen Fakten herauszufinden – den historischen Ablauf, die Elemente der Konstruktion, die Details der Organisation bis zu den Transportpreisen für die Ziegel. Mir scheint aber, nach allen Bemühungen, die Kuppel genau kennenzulernen, diese Erkenntnisfrage die entscheidende und eigentliche Sache zu sein: Was für eine Konstruktion hat Brunelleschi mit seiner Kuppel verwirklicht? Welchen Charakter hat seine Tat? Wie steht er in der Entwicklung der Zeiten?

Wir haben versucht, die Konstruktion der Kuppel zu verstehen. Indem wir sie aber beurteilen wollen, sehen wir uns plötzlich zwischen zwei Parteien eingeklemmt, die, heftig wie einst die Guelfen und die Ghibellinen, vor allem die italienischen Wissenschaftler spalten. Denn die einen bestehen darauf, daß die Statik der Kuppel die Weiterentwicklung des gotischen Rippengewölbes sei; daß alle Kräfte in den Eckpfeilern gebündelt würden und von einer Tendenz zur Rundkuppel nicht die Rede sein könne. Die anderen konstatieren das Gegenteil: Diese Konstruktion sei nur als Rundkuppel, als sphärisches Tragwerk zu deuten. Solange jede dieser Parteien die Argumente der anderen ausblendet, kann das Entweder-Oder ihrer Interpretationen sogar überzeugen, doch die jeweils gegensätzlichen Gesichtspunkte und Beobachtungen sind damit nicht aus der Welt.

Die klare und folgerichtige Lösung dieses Konfliktes ist, daß während des Einwölbens ohne unterstützende Gerüste die Statik der sphärischen Anordnung (die in den vorigen Kapiteln ausführlich beschrieben wurde) gültig, ja unerläßlich war; daß aber nach dem Einsetzen des verspannenden Schlußringes mehr die Statik des Rippengewölbes zur Wirkung kam, die den Kräfteverlauf in den acht Großrippen, mit denen die sechzehn Nebenrippen durch die Horizontalbögen verbunden sind, bündelt. Sie gibt der Kuppel heute noch ihre Festigkeit, trotz der zahllosen Risse, die in der Mitte der Gewölbekappen verlaufen und sich je nach Temperatur verbreitern oder zusammenziehen. Versuchen wir, diese einfach scheinende Antwort durch einen weiteren Gedanken zu bereichern, denn die komplizierte Kuppelwirklichkeit entzieht sich letztendlich selbst dieser Interpretation.

Von den frühen Anfängen der griechischen Kultur bis zum Ausklang des Mittelalters finden wir eine Gemeinsamkeit in der Entwicklung des menschlichen Denkens. Sie besteht in einer besonderen Ausbildung des «Verstandes»-Prinzips der Seele. Die List des Odysseus, die Logik der griechischen Philosophie, die erfolgreiche Mechanik des Archimedes, die Zivilisation der Römer (die ganz den profanen Bedürfnissen der Bürger diente) und die Hochleistungen gotischer Baukunst werden alle aus derselben Quelle gespeist: dem Verstandesdenken, das konsequent die Verknüpfung von Ursache und Wirkung in der Welt physischer Gesetze erkennt und nutzt. Dieses logisch-lineare Denken hat seinen Triumph gefeiert und feiert ihn noch heute; aber sein Ursache-Wirkung-Schema mußte vor den Problemen, die sich am Beginn des 15. Jahrhunderts mit dem Dombau von Florenz stellten, scheitern. Ein römischer Bogen, ein Tonnengewölbe, selbst noch die letzte Verfeinerung dieser konstruktiven Errungenschaften in den Kreuzrippengewölben der Gotiker, die die oben im Bogen entstehenden Seitenschub-Kräfte folgerichtig unten im Strebebogen nach außen leiteten, konnten mit einem solchen linearen Denken bewältigt werden. Die große Kuppel aber war über diese Art der Statik hinausgewachsen in eine andere Dimension, die nicht bloß die einer außerordentlich gesteigerten Größe ist. In ihr sind die Kräfte und statischen Bedingungen nur noch zu verstehen, wenn man sich von dem linearen Verlauf der Einzelerscheinungen lösen und das Ineinander- und Miteinander-Wirken aller erfassen kann. Nicht nur, daß die einzelnen Bauglieder komplizierter und vielfältiger verbunden sind; auch ihr Verhältnis zueinander ist anders. Was als Wirkung einer bestimmten Ursache erscheint, wird seinerseits wieder zur Ursache, die bewirkt. Der eine Statiker beurteilt die Laterne positiv, weil sie mit ihrem Gewicht das Gesamtgewölbe verkeile; der andere tadelt sie, weil sie zusätzlichen Seitenschub erzeuge, von der Windlast zu schweigen – beide aber haben die Gesamtkonstruktion und vor allem den Bauvorgang selbst aus den Augen verloren. Denn der Kräfteverlauf ist nur noch zu verstehen, wenn er vom Organismus des Ganzen aus beurteilt wird; der aber ist von einer höheren statischen und konstruktiven Ordnung als der aller in der Baugeschichte vorangegangenen Gebäude. Nicht durch die Analyse einzelner Wirkungen und am Ende deren Summierung ist sie zu erfahren, sondern nur durch einen Blick, der alle Phänomene im Ganzen – also auch in der Zeit – schauen und in ihrem Gesamtzusammenhang erkennen kann. Der nüchterne Wissenschaftler Saalman spricht hier von «sound intuition».

Das entscheidende Wort zur Beurteilung der Kuppel ist schon gefallen: Sie ist ein Organismus. Frank Lloyd Wright, als Achtzigjähriger noch einmal nach Florenz reisend, um die Kuppel zu sehen, nennt sie «an animal». Ragghianti schreibt: «Die Kuppel ist nicht ein phantastischer Kristall; sie ist ein Organismus, eine vitale, kosmische und naturhafte Energie, die in Bewegung gesetzt wurde und in fortwährender Tätigkeit ist. Sie ist eine Wirklichkeit durch ihre Aktivität, ist ein Lebewesen.»[53] Diese Aussagen stehen nicht vereinzelt da. E. Battisti verwendet den Begriff Organismus ebenso wie P. A. Rossi. Was bezeichnet er? Ein Gebilde, in dem jedes Organ in Verbindung mit den anderen ist, als selbst Wirkendes durch das andere bewirkt wird und jedes einzelne Organ wiederum von dem Wesen des Ganzen bestimmt wird, ihm zugleich dienend. Ein solches Gebilde ist mit dem «Verstandes-Denken» und seinem Ursache-Wirkung-Prinzip allein nicht mehr zu begreifen – dieses Denken besaßen die kühnen gotischen Bautechniker, die den Florentiner Kuppelproblemen nicht mehr gewachsen waren, in hohem Maße! Es bedarf einer höheren Seelenfähigkeit, die die Bedingungen des Organismus in einem umgreifenden Blick zu schauen vermag; wir können sie ein «intuitives» Schauen nennen. Brunelleschi hatte die Fähigkeit dieses Schauens. Sie ist eine vollkommene Form jener Seelenentwicklung, die in der Renaissance machtvoll einsetzt und die wir als «modern» empfinden. Rudolf Steiner nennt sie – in betonter Unterscheidung von der Seelenstufe der Griechen und Römer – die «Bewußtseinsseele». Brunelleschi ist also nicht einfach «intelligenter» als seine Zeitgenossen, sondern er vermag «anders» zu denken.

Wenn wir uns fragen, welchen Charakter Brunelleschis Tat hat, so drängt sich

Der statische Kräfteverlauf in der Kuppel

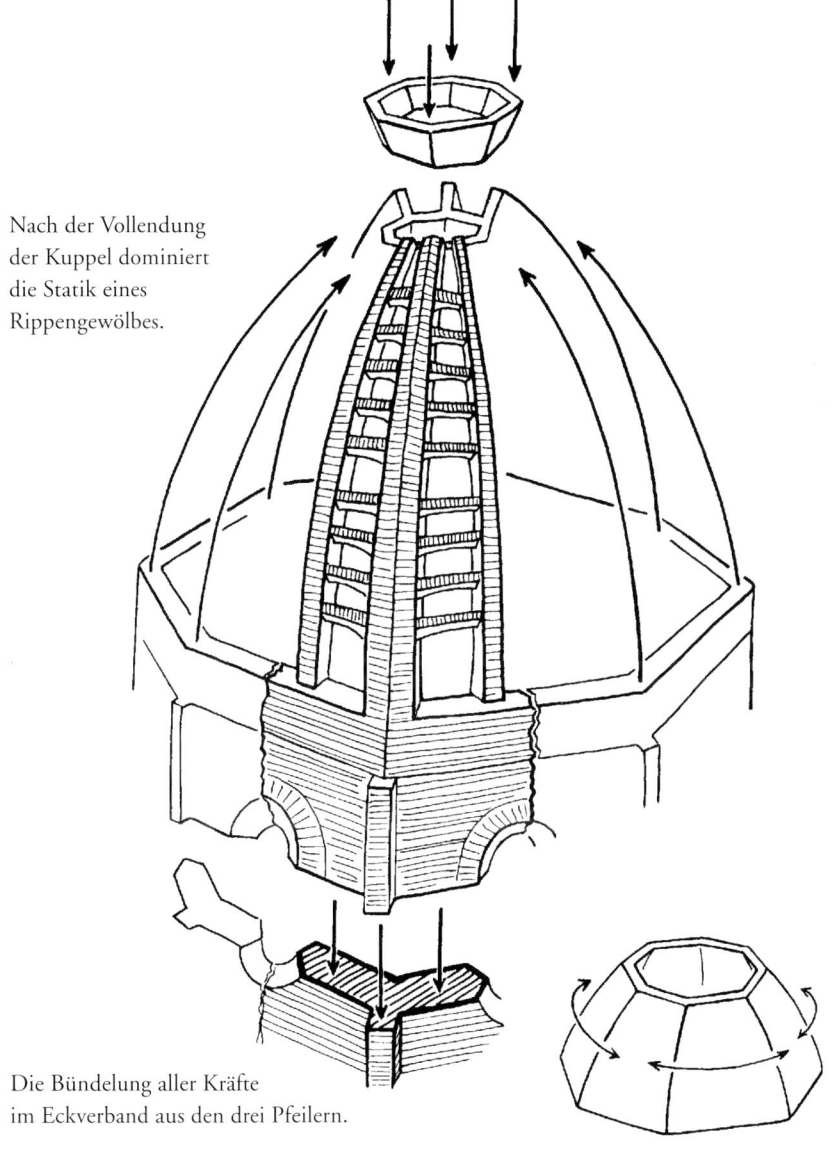

Nach der Vollendung
der Kuppel dominiert
die Statik eines
Rippengewölbes.

Die Bündelung aller Kräfte
im Eckverband aus den drei Pfeilern.

Während der Bauzeit
ist sphärische Statik gültig.

uns ein Bild auf – das des Kolumbus und seiner Fahrt über den Atlantik. Es ist ausgelöst durch die Überlieferung, daß Brunelleschi, in einer heftigen Auseinandersetzung mit den Männern der Baukommission, diese aufforderte, ein Ei aufrecht auf den Tisch zu stellen, und, als diese ratlos blickten, das Ei mit leichtem Schlag auf die Tischplatte setzte. Daß Vasari, der diese Anekdote berichtet, Brunelleschi zuschreibt, was viel später das «Ei des Kolumbus» genannt wird, zeigt symptomatisch, was beide verbindet: der entschlossene Wille, eine Grenze zu überschreiten, die als unüberschreitbar galt.

Kolumbus' Tat besteht nicht allein in einer außerordentlichen seemännischen Leistung – man denke nur, was die Antike an nautischem Können zwischen Tyrus und dem nebligen Britannien zeige –, sondern in eben dem Mut, dieses von den Vorvätern erlernte Können über eine Schwelle zu tragen, jenseits der man, wie Kolumbus immer wieder zu hören bekam, ins Bodenlose falle. Nicht anders Brunelleschi. Auch er bekam bis zuletzt zu hören, die Kuppel werde ohne stützendes Gerüst einstürzen. Aber auch er überschritt, schon 60 Jahre vor Kolumbus,[54] die Schwelle, die das Alte, Erprobte vom gänzlich Neuen und Andersartigen trennt, und führte seine Mannschaft trotz aller Widerstände und nicht endender Anfeindungen mit unfaßlichem Mut und unbeugsamem Willen zum Ziel, einem Ziel, das er als Ganzes von Beginn an fertig geschaut, auch wenn im einzelnen die Mittel im Bauprozeß selbst noch reifen mußten.

In der neuesten Literatur fällt helles Licht auf die Ingenieurtechnik, die Brunelleschi zum Bau der Kuppel verwendete. Nach allem, was wir heute wissen, können wir die Erstlingstat moderner technischer Erfindungen nicht mehr bei Leonardo suchen, sondern müssen sie Brunelleschi zuschreiben. Dabei entsteht die Gefahr, daß so, wie über Keplers astronomischen Gesetzen von der «Mechanik» des Sonnensystems seine tiefgründig-spirituelle Weltschau vergessen wird, Brunelleschi allein als der brillante Techniker erscheint. Filippo Brunelleschi aber war um vieles größer, schöpferischer, war auch als Baumeister der Kuppel nicht «bloß Ingenieur». Die technische Seite seines Wirkens beschreibt nur einen Ausschnitt, wenn auch keinen geringen. Daß seine Zeitgenossen diesen Aspekt allerdings über alle Maße bestaunten und ihn nicht nur «ghovernatore» (Bauleiter) nannten – ein Titel, der auch Ghiberti zukam –, sondern auch «inventore» (Erfinder), kann uns nicht wundern. Sahen sie doch auch in dieser Tätigkeit, wie alles praktisch-mechanische Können der Vergangenheit jetzt in eine neue Dimension hineinwuchs.

Einen ebenfalls neuen Horizont zeigt uns Brunelleschis Verhältnis zur Körperschaft der Dombauhütte und zur Zunftorganisation der Arte della Lana. Es ist heute nicht mehr leicht zu erfassen, erscheint aber doch in genügender Deutlichkeit. Die alten Bauhüttenverhältnisse mit ihrem geheimen Wissen, mit der Hierarchie ihrer Mitglieder und dem streng korporativen Verband scheinen sich im Florenz des Trecento schon in Auflösung befunden zu haben – die Berufung des Malers Giotto zum Dombaumeister zeugt davon. Persönlichkeiten wie Neri di Fioravante sind ebenfalls Vorboten eines «neuen Stils» auch in diesen Fragen. Aber erst Brunelleschi ist gänzlich ein Einzelner und Außenstehender, nicht mehr erzogen und geprägt vom alten Wissen und der Rangordnung der Gruppe. Von seiner Zeit an tritt an die Stelle einer stufenweisen «Einweihung» in Bauhüttengeheimnisse und altüberliefertes Baumeisterkönnen das Studium der Architektur, das er noch ganz als Autodidakt betrieb. Daß er zwei Jahre vor Beendigung der Kuppel auf Betreiben der Maurergilde für einen Tag verhaftet wird, weil er ihr nie formal beigetreten war, ist überaus bezeichnend. Die alte Korporation wehrt sich gegen das autonome Können eines Zunftfremden, dem sie doch unterlegen ist. «Die Art des Bauvorganges beweist, daß das traditionelle Wissen einer mittelalterlichen Bauhütte bereichert wurde von den Einsichten, die ein Mann in seinen theoretischen und praktischen Studien gewonnen hatte. Indem er seine eigene, persönlich geprägte Idee gegenüber der Dombaukommission aktiv verteidigte und durchsetzte, verteidigte er auch, vielleicht zum erstenmal in der Geschichte, den Standpunkt des allein verantwortlichen Architekten gegenüber der anonymen Autorität, die von der Opera repräsentiert wurde.»[55] Daß Brunelleschis Werk selbstverständlich nicht ohne fähige Persönlichkeiten innerhalb dieser Körperschaft denkbar ist, wurde an anderer Stelle betont; hier kommt es darauf an, den besonderen Akzent zu sehen, den sein Wirken unverkennbar hat. Luthers dramatisches «Hier stehe ich und kann nicht anders» angesichts der Körperschaft von Kirche und Reich wurde beim Bau der Kuppel mit im Grunde gleicher Tendenz schon vorgelebt.

Auch in der Frage, welchen Anteil Brunelleschi an der Idee der Kuppelkonstruktion hat, stoßen wir auf ein seltsam gespaltenes Urteil. Prager möchte Brunelleschi zum Beispiel die Einführung des Tambours, das Konzept der zwei Schalen und die Erfindung des Einwölbens ohne Gerüst zuschreiben. Saalman meint belegen zu können, daß der Tambour und die Schalen schon von der Neri-Kommission vorgedacht waren. Und Sanpaolesi und Mainstone zeigen, daß es ein Einwölben ohne Lehrgerüst mit dem Fischgrätverband schon vor Brunelleschi gab, Sanpaolesi zieht seine Linien sogar bis in den islamischen Osten. Vergleichsweise könnte man sich fragen, ob das Weltgedicht «Faust» Goethes Leistung ist – hat er doch Gestalten wie Faust, Mephisto, Gretchen und Helena nicht erfunden und zentrale Motive ebenso von Vorläufern übernommen wie die deutsche Sprache und die Erfindung der Schrift. Nicht anders

Brunelleschi! Konstruktive Elemente, technische Mittel und Verfahren, stilistische Züge übernimmt er unverkennbar von den Jahrhunderten und der Entwicklung vor ihm – wie auch nicht! Und dennoch ist er weder ein Erneuerer der römischen Baukunst und des antiken Stils noch konstruktiv ein Gotiker. Das andere Vorzeichen, das Brunelleschis Bewußtseinsseele vor die alten Formen und Mittel setzt, gibt ihnen vollkommen neuen Sinn. Nicht im einzelnen Mittel, so gewichtig es für sich sein mag, sondern in der umfassenden Verwirklichung, die das Fremde zum stimmigen Glied eines eigenen Ganzen macht, ist die Kuppel Brunelleschis schöpferisches Werk.

Nehmen wir alle diese Phänomene zusammen, so können wir nicht anders als den Bau und die geglückte Vollendung der Domkuppel eine «künstlerische Kolumbus-Tat» nennen. Sie ist, zwei Generationen vor der Entdeckung Amerikas, die erste große Tat der Neuen Zeit, die ganz und rein das Gepräge der modernen Seele trägt. In ihr und ihrer Größe spiegeln sich die Errungenschaften der anderen Florentiner Künstler, von denen jeder in seiner Weise half, das neue Bewußtsein zur Welt zu bringen. Daß nicht nur Brunelleschis Freunde, sondern alle Bürger in Florenz eine Ahnung von der weltgeschichtlichen Bedeutung dieser Jahre hatten, zeigt uns Wolfgang Braunfels' ausführlicher Bericht von der Schlußweihe des Florentiner Doms am 25. März 1436. Seine Schilderung gibt uns das Gefühl, daß hunderttausend Menschen an diesem Tag begeistert in Gegenwart des Papstes und höchster Würdenträger aus Kirche und Reich das neue Zeitalter tauften; die Antike und das Mittelalter waren zu Ende. «Die große Generation der Brunelleschi, Ghiberti, Masaccio, Donatello, Luca della Robbia, die nach dem Zeugnis Albertis die Frührenaissance heraufgeführt hatte – den ersten Stil der Kunstgeschichte, der seine Entstehung der bewußten Geistesarbeit eines kleinen Freundeskreises verdankt –, sah in den entscheidenden Jahren ihrer Entwicklung seit 1412 erst den Tambour, dann die mächtig sich aufblähende Doppelschale der Kuppel aus den Gerüsten emporwachsen. 1436 war der Schlußring vollendet, über den sich die Laterne erheben sollte. Ein ungeheures Hochgefühl erfaßte die Bürgerschaft … Nie hatte man in ihrer (der Kathedrale) Mauern so viel Volk gesehen. Zum erstenmal war der Riesenraum des Doms bis auf den letzten Winkel angefüllt, unter den Menschen eine Künstlerschaft, wie sie keine Stadt der Welt seit dem Ende des perikleischen Zeitalters in Athen je versammelt gesehen hatte: Brunelleschi und Ghiberti, Fra Angelico und Filippo Lippi, Luca della Robbia und Michelozzo, Alberti und Donatello waren anwesend.»[56]

DAS LEBENSBILD
BRUNELLESCHIS

*Die Lebensbeschreibung Filippo Brunelleschis, verfaßt von einem Zeitge-
nossen ... Antonio Manetti, einem Literaten und Mathematiker aus Florenz, ist viel mehr als eine bloße Chronik. Sie sammelt und überliefert,
zusammen mit den äußeren Tatsachen, auch die Gedanken des Meisters,
und das mit größerer Treue als Leon Battista Albertis Traktat über die
Malerei. Aber schon das ist ein bedeutsames Indiz: Daß das Werk eines
Künstlers von einem als ein Gegenstand der Geschichte erfaßt wird und
dem anderen die Grundlage bildet für eine Kunst-Theorie. Zum ersten
Mal erkennt man in einem Künstler eine historische Persönlichkeit, dessen
Werk weit über den Bereich der Kunst hinausragt und dem menschlichen
Wissen neue Horizonte öffnet. Am Beginn einer Epoche, die die Kunst als
eine schöpferische Erfindung definiert, erscheint Filippo Brunelleschi als
der große Erfinder: Derjenige, der der Kunst eine neue Dimension des
Raumes eröffnet, die Perspektive, aber auch eine neue Dimension der Zeit,
die Geschichte.[57]*
Giulio Carlo Argan, 1955

Filippo Brunelleschi wurde 1377 als Sohn eines Notars in Florenz geboren. Seine
Mutter, Giuliana degli Spini, entstammte wie der Vater Ser Brunellesco einem
vornehmen und reichen Florentiner Geschlecht.[58] Von dem älteren und dem
jüngeren Bruder Filippos wissen wir nur, daß sie, als Seidenweber der eine, als
Mönch der andere, ein unscheinbares Leben führten. Des Vaters ganzes Inter-
esse mußte auf dem Knaben Filippo ruhen, der früh eine hervorragende geistige
Begabung zeigte, so daß er hoffen mochte, in ihm einen Nachfolger im eigenen
Beruf zu erziehen. Deshalb ließ er ihm eine über das Elementare hinausgehende
Ausbildung in den «Wissenschaften» zuteil werden – damals noch die Sieben
Freien Künste des Triviums und Quadriviums –, die ihn für die Ausübung eines
gelehrten Berufs, Priester, Notar oder Richter, prädestinieren mochte. Latein,
das damals nur von wenigen beherrscht wurde, erfaßte er so vollkommen, daß er
später wie «ein zweiter Apostel Paulus» in Disputationen über die Heilige Schrift
auftreten konnte, die er treffsicher zu zitieren wußte, ein Zeichen sowohl für
seine hinreißende Beredsamkeit als auch für sein wunderbares Gedächtnis. Uns
wird von der Willigkeit und dem Lerneifer des Knaben berichtet, von seinem

125

brennenden Wunsch, Ehre zu erlangen. Die tiefere Triebfeder muß aber doch sein Weltinteresse gewesen sein, das Verlangen, sich selbst unbegrenzt fortzubilden und das in ihm Veranlagte zu entfalten.

Als ein erster Bereich dieser Selbst-Bildung ist die zeitgenössische Literatur anzusehen, denn Filippo wird als hervorragender Kenner der Divina Commedia Dantes gerühmt, aber auch der Schriften Petrarcas und Boccaccios, die den bildenden Künsten mit ihrem Beitrag zur «rinascità» der Kultur[59] vorangegangen waren. Sein uns erhaltenes Spottgedicht über Giovanni di Gherardo zeigt, daß er sich selbst geschickt in poetischen Formen auszudrücken wußte. Seine Rednergabe und seine Fähigkeiten in den Sprachkünsten lassen vermuten, daß er in hohem Maße das Trivium – Rhetorik, Dialektik und Grammatik – zur Ausbildung brachte und belebte.

Einen zweiten Bereich bildete alles Geometrische, Mathematische und Mechanische. Daß er der Lehrer des berühmten Mathematikers Paolo dal Pozzo Toscanelli werden konnte und die mathematisch fundierte Zentralperspektive begründete, zeugt ebenso von hohen Fähigkeiten auf diesem Gebiet wie die mechanischen und vermessungstechnischen Wunder des Kuppelbaus. Schon als Geselle «begann er, mit gelehrten Leuten Umgang zu pflegen und seine Phantasie mit Problemen der Zeitmessung und Bewegung, mit Gewichts- und Räderapparaten zu beschäftigen und wie man sie bewegen und wodurch man sie antreiben könnte; und so fertigte er eigenhändig einige vortreffliche und sehr schöne Uhrwerke».[60]

Ferner lesen wir bei Manetti, er habe von seiner Kindheit an ein natürliches Interesse am Zeichnen und Malen gezeigt und schöne Arbeiten hervorgebracht. Das mag den Vater schließlich bewogen haben, den Knaben Filippo – vielleicht anfänglich wider seinen Willen – in die Lehre eines Goldschmieds zu geben, ein Gewerbe, welches zu jener Zeit einen Umfang und eine Vielfalt besaß, die weit über deren heutige Bedeutung hinausgingen und es zur geeignetsten Schule für künstlerische Anlagen überhaupt machte, die sich dann auf den verschiedensten Gebieten entwickeln und bewähren konnten. Sein Biograph berichtet uns, welche erstaunlichen Fähigkeiten er in der Goldschmiedelehre zeigte: «Wegen seiner grundlegenden Begabung im Zeichnen wurde er rasch sehr tüchtig in diesem Beruf, in dem er sich mit seinem Können bald wunderbar entfaltete. Innerhalb einer kurzen Zeit erreichte er vollkommene Meisterschaft in Niello-Technik, im Emaillieren und in geschmückten Architektur-Reliefs, ebenso im

Abb. 29: Masaccio: Ausschnitt aus dem Fresko «Die Auferweckung des Gouverneurssohnes», um 1427, Cappella Brancacci, Florenz. Der Ausschnitt zeigt (von links) die Portraits von Masolino, Masaccio, Alberti und Brunelleschi.

Schneiden, Fassen und Schleifen aller Art von kostbaren Steinen. So war es immer in allem, dem er sich widmete. In der Kunst und was zu ihrem Bereich gehört, hatte er wunderbarere Erfolge, als in seinem Alter möglich schien.»[61] Am 18. Dezember 1398 leistete er den Zunfteid. Am 2. Juli 1404 wurde er als ordentlicher Meister in der Zunft der Seidenweber (Arte della Seta) in die Liste der Goldschmiede eingeschrieben.

Goldschmiedearbeiten von Brunelleschi sind uns nicht erhalten. Welche Figuren des Silberaltars in Pistoja er geschaffen hat – seine Arbeit ist dort zwischen 1398 und 1400 bezeugt –, konnte bis heute nicht eindeutig geklärt werden. Aber das Wettbewerbsrelief für die zweite Tür des Baptisteriums steht vor unseren Augen. In diesem ersten Wettstreit mit Ghiberti, der mit dessen künstlerischem Sieg endete, können wir Filippos jugendliche Fähigkeiten auf dem Gebiet des Bronzegusses beurteilen – und auch seine Grenzen! Was in der Kunstgeschichte oft noch wie eine ungerechtfertigte Niederlage Brunelleschis als eines ersten Vorkämpfers des dramatischen Realismus angesehen wird, war seiner biographischen Wirklichkeit nach ein Kunstgriff seines höheren Genius: ihn nicht mit einem Sieg auf ein künstlerisches Feld zu führen, auf dem er zwar Gutes hätte leisten können, aber nicht Überragendes, und ihn so zu bewahren und seine Fähigkeiten zurückzustauen für eine Aufgabe – seine Aufgabe! –, die größer war als die der Bronzetüren des Baptisteriums. Filippo scheint diesen Wink verstanden zu haben. Er überließ Lorenzo als dem unbestrittenen Meister des Bronzegusses dieses Feld und begann sich in der Folge in fast zwanzigjähriger Selbstausbildung und künstlerischer Entsagung einer Sache zu widmen, die es zu dieser Zeit noch an keiner Akademie gab: dem Studium der Architektur. Er machte sich auf den Weg nach Rom, das damals in ungleich größerem Maße als heute die staunenswerten Zeugnisse der klassischen Baukunst besaß.

Obwohl keine dieser für seine fernere Entwicklung so überaus wichtigen Reisen nach Rom sich durch Urkunden bestätigen läßt, dürfen wir doch nach Manettis Bericht und all dem, was seine spätere Baukunst als Wirkungen der klassischen Studien zeigt, davon ausgehen, daß er zwischen 1403 und 1417 sich mehrmals für längere Zeit in Rom aufhielt. Donatello, der um etliche Jahre jüngere Freund, leistete ihm zumindest während eines längeren Aufenthalts Gesellschaft – er selbst wohl mehr noch als Filippo von dem Wunsch beseelt, den Beispielen der antiken Skulptur zu begegnen. Welche Schicksalsgunst es für beide war, sich zusammen dem Studium der antiken Bauten und Skulpturen in Rom widmen zu können, ahnen wir nur. Brunelleschi hätte in seiner Zeit kaum einen anderen Menschen finden können, der ihm mehr zusagte als Donatello. In ihm hatte er einen wahrhaft kongenialen Freund, mit dem er alle Fragen der neuen Kunst leidenschaftlich erörtern und zugleich tief bewundernd eindringen konnte in die Größe einer vergangenen Epoche.[62]

Manetti und Vasari berichten uns, wie die beiden Künstler die römischen Bauwerke studierten und vermaßen, Ruinen bis auf ihre Grundrisse freilegten, den Bauschmuck zeichneten und wie Filippo seine Aufmerksamkeit besonders auf die konstruktiven und die mauertechnischen Aspekte der riesigen Gewölbe lenkte: «Er ließ nicht nach, bis daß er jegliche Art von Baulichkeiten gezeichnet hatte, runde und quadratische, achteckige Tempel und Basiliken, Wasserleitungen, Bäder, Bögen, Kolosseen, Amphitheater und alte Tempel in Backstein: Daraus verschaffte er sich die Kenntnis von den Umgürtungen und Verankerungen und deren Anwendung bei den Wölbungen; ihnen entnahm er alle Mittel zur Festigung des Mauerwerks, durch Steinverband sowohl als durch Verdübelung und Verzahnung.»[63] Fassen wir das Ziel der römischen Studien zusammen, wie wir es aus den spärlichen Quellen und den späteren Wirkungen erschließen können, so ergibt sich, «daß Filippo seine Untersuchungen gleichmäßig nach drei Richtungen ausdehnte: Er suchte erstens in den Organismus der antiken Baukunst einzudringen, dann sich die Formen der ästhetischen Durchbildung und Umkleidung des Baugerüstes anzueignen, endlich über die technisch-mechanische Seite der Ausführung der Konstruktionen möglichste Klarheit zu erlangen.»[64]

Brunelleschi wird aber nicht nur die römischen Bauwerke in diesem Sinne untersucht haben. Florenz bot seinen Studien herrliche Zeugnisse der Baukunst der Romanik und des gotischen Trecento, die keineswegs nur «deutsch und barbarisch» waren, allen voran das Baptisterium, das er gründlich analysiert haben wird, weil es ihm eine konstruktiv hervorragende Lösung für die Einwölbung eines oktogonalen Kappengewölbes zeigte. Seine Vaterstadt ermöglichte ihm aber in diesen Jahren noch etwas viel Wertvolleres: erste praktische Versuche auf dem Felde der Architektur zu machen, zwar als «Privatmann» und außerhalb der Zunftordnung, aber mit der Wirkung, daß Filippo zunehmend Erfahrung als Baumeister sammelte und seine Fähigkeiten auf diesem Gebiet bekannt wurden. Manetti berichtet von einer Reihe konkreter Projekte, die er für Freunde als «Architekt, Zeichner und Bauleiter» übernahm.

So wurde Filippo, der in seiner Existenz durch das von seiner Familie ererbte Vermögen abgesichert war und nicht um seinen Lebensunterhalt kämpfen mußte, zudem ledig war und von allen familiären Pflichten frei, zweiundvierzig Jahre alt, bevor die ungeheure Aufgabe des Kuppelbaus an ihn herantrat. Den wachsenden Dombau hatte er als Kind stets vor Augen gehabt. Er hatte als junger Mann den gewaltigen Tambour durch viele Jahre entstehen sehen und in unzäh-

ligen Gesprächen die drohende «Kuppelnot» mit Laien und Fachleuten erörtert
– nun konnten seine Fähigkeiten, die er im stillen geübt und entwickelt hatte, in
die Bewährung vor der Welt treten. Doch nicht allein eine bautechnische Lösung für die Kuppel entsprang seinem Haupte fertig vorbereitet, sondern der
Kosmos einer neuen Architektur. Wie Brunelleschi, der Autodidakt, dies in den
fünfundzwanzig Jahren des ihm noch verbleibenden Lebens schuf, wie er gei-
stesgegenwärtig die Schwierigkeiten seines Tagewerkes bewältigte, ein halbes
Dutzend öffentlicher Großbauten vom Spedale degli Innocenti bis zur Pazzi-
kapelle leitend und entwerfend, schließlich bis in entfernte Regionen von den
Fürsten als überlegener Berater gefragt, ist eines der großen, staunenswerten
Rätsel menschlicher Biographie. Welche äußeren Gründe wir immer suchen
mögen, die seinen Werdegang erklären könnten – mit zweiundvierzig Jahren
tritt uns Brunelleschi als ein Eingeweihter der Architektur entgegen.

Betrachten wir das Werk, das Filippo der Nachwelt überließ, und besonders
die Tat des Kuppelbaus, so offenbaren diese uns zwei Grundeigenschaften, die
ihn in ihrem harmonischen Zusammenwirken zur höchsten Leistung führten:
ein überragender, seine universale Begabung erschließender Verstand (Brunelleschi, der «inventore», der Erfinder) und ein Wille, der auch vor dem größten
Widerstand nicht zurückschreckte und sich zu heftigem Zorn zusammenballen
konnte, wo die Hinderung aus der Dummheit oder Mißgunst seiner Mitbürger
erwuchs. So zertrümmerte er einmal in heftig aufwallendem Zorn ein Modell,
das er für einen Medici-Palast geschaffen hatte, weil es aus politischen Gründen
abgelehnt wurde. Gewöhnlich aber vermochte er seine Absichten mit seiner
feurigen Rednergabe durchzusetzen (die Leiter der Dom-Kommission bezeich-
nen ihn einmal als «vir eloquentissimus»!) oder mit seiner Fähigkeit zu anschau-
lich-prägnanter Darstellung eines komplizierten Tatbestands, die ihm half, auch
noch den begriffsstutzigsten Maurer von einer ungewohnten bautechnischen
Lösung zu überzeugen. Sein Kuppel-Bauprogramm in «volgare», der Volksspra-
che, gibt uns davon eine Probe.

Brunelleschi scheint in ausgewogener Selbsteinschätzung seinen Wert gekannt
zu haben. Er war selbstbewußt, ohne überheblich zu sein, besaß Ehrgeiz, aber
einen, der mit allen Kräften danach strebte, seine Fähigkeiten in den Dienst der
höchsten Aufgaben zu stellen. «Denn nie sah man ihn ein eigenes Werk heraus-
streichen oder sich damit brüsten, noch auch je sich mit einem Worte selbst
loben, obwohl er ja in vielem seinen Zeitgenossen voraus war und seinem wie
den kommenden Jahrhunderten die Bahnen wies. Dagegen war er mit der Tat
zur Hand, wo es irgendwo not war, und schwer zu erzürnen, außer er wäre durch

etwas gereizt worden, was ihm zum Trotz oder aus Nichtachtung geschah. Gegen die Freunde war er liebreich und hilfsbereit, und gerne ließ er denen, die ihm dessen würdig dünkten, seine Empfehlung angedeihen oder auch, wen er lernbegierig sah und für begabt hielt, an seinen Belehrungen teilhaben.»[65]

Seiner Fähigkeit, die Besten seiner Zeit und Umgebung zu Freunden zu gewinnen, von ihnen in fruchtbarer Auseinandersetzung zu lernen und ihnen wiederum ein souveräner Lehrer zu sein, verdankt die Kunst jener Jahre unermeßlich viel. Die Kraft der Güte scheint sich in seinem Charakter ohne Widerspruch mit jenem schlagfertigen Spott und der feinen, manchmal beißenden Ironie verbunden zu haben, die für den Florentiner so bezeichnend ist.

Seiner körperlichen Erscheinung nach war Filippo unansehnlich und hager, von eher häßlichen Gesichtszügen. Dem unscheinbaren Äußeren scheint auch seine private Lebensweise entsprochen zu haben, trotz des erheblichen Vermögens, das er sich als Architekt schließlich erwarb. Zurückgezogen und allein wohnte er in dem Haus, das er von seiner Mutter geerbt hatte, von einer Magd in seinem Haushalt versorgt.

Nur der Knabe Andrea di Lazzaro Cavalcanti, den Brunelleschi als Sechsjährigen bei sich aufnahm und schließlich als seinen Adoptivsohn großzog, brachte ab 1415 etwas Leben in das stille Haus.

Es gibt nicht wenige dokumentarische Belege, die mit größter, bewundernder Ehrerbietung von Filippo Brunelleschi sprechen – «vir perspicacissimi intellectus et industriae et inventionis admirabilis» oder «uno valentissimo et singularissimo huomo».[66] Im Gemeinwesen Florenz bekleidete er die höchsten Ämter als einer, den man wegen seines ernsten und bedächtigen Urteils und wegen seiner Unbestechlichkeit gerne wählte. Die bedeutendsten Persönlichkeiten des öffentlichen Lebens und der humanistischen Kreise rühmten sich seiner Freundschaft, so Cosimo de' Medici, Toscanelli, Alberti, der gelehrte Mönch Traversari, der Humanist Niccolò Niccoli. Suchten wir noch ein sicheres Zeugnis für seine menschliche und künstlerische Größe, so fänden wir es in der Tatsache, daß seine Florentiner Mitbürger, sonst äußerst kritisch gegenüber der Leistung eines einzelnen, Filippo ohne Zögern ein Grab im Dom gaben, nachdem er in der Nacht des 15. April 1446, einem Karfreitag, aus dem Leben geschieden war. Diese Ehre wurde nicht einmal Michelangelo zuteil.

ANMERKUNGEN

Zitate aus dem Englischen oder Italienischen wurden vom Verfasser (Th. K.) übersetzt.

1 Jean Gebser, *Vorlesungen und Reden zu «Ursprung und Gegenwart»*, Bd. 5/1, Schaffhausen 1986, S.157f.

2 Die Tatsache, daß sich im Bilde und im Stil der Kunst die Seelen- und Bewußtseinsentwicklung ihrer jeweiligen Epoche ausdrückt, hatte mich längere Zeit sehr beschäftigt, angeregt von Gottfried Richters *Ideen zur Kunstgeschichte* (Stuttgart 1958), die einen großen Bogen über die Jahrtausende seit der ägyptischen Frühzeit spannen. Schließlich konzentrierten sich die Studien aber auf einen begrenzten Bereich, nämlich auf die vielfältigen Erscheinungen der Frührenaissance in Florenz, insbesondere auf die gegenüber dem verklingenden Mittelalter progressive Kunst von Ghiberti, Brunelleschi, Donatello und Masaccio. In dem daraus entstandenen Buch wird das gemeinsame avantgardistische Wirken dieser vier Künstler für die «Geburt der Bewußtseinsseele» an ausgewählten Beispielen geschildert.

3 Leon Battista Alberti (1398-1472), der Architekturtheoretiker der beginnenden Renaissance, beginnt mit dieser vielzitierten Lobpreisung sein Buch *De Pictura* (Über die Malerei).

4 Klaus Zimmermanns, *Florenz*, Köln 1984, S. 70.

5 Ludwig W. Heydenreich / Wolfgang Lotz, *Architecture in Italy 1400-1600*. Penguin Books 1974, S. 5.

6 Eine ausführliche kritische Auseinandersetzung mit der allgemeinen kunstgeschichtlichen Literatur zur Brunelleschi-Kuppel ist im Rahmen dieser Betrachtungen nicht möglich. Sehr knapp kann man sagen, daß weder Bruhns, Heydenreich, Stützer und Wundram in ihren kunstgeschichtlichen Darstellungen noch Argan, Braunfels und Ragghianti in ihren Monographien oder das Lexikon der Architektur etwas wirklich Grundlegendes zum Verständnis des konstruktiven Organismus, der Statik und des Bauvorgangs der Kuppel beitragen können. Die neuesten Publikationen von Fanelli (1988) und Pizzigoni (1991) sind für ein Verständnis nahezu unbrauchbar. Sanpaolesi hat das Verdienst, die Diskussion im 20. Jahrhundert neu eröffnet zu haben, Battisti und Mainstone geben Teilaspekte. Diese Tatsache hebt die großen Verdienste von Fabriczy, Saalman und P. A. Rossi besonders hervor.

7 Cornel von Fabriczy hat in seiner Darstellung *Filippo Brunelleschi – sein Leben und seine Werke* (Stuttgart 1892) die Arbeiten von Paul Laspeyres, «Die Kirchen der Renaissance im Mittelalter», 1882, und Josef Durm, «Zwei Großkonstruktionen der italienischen Renaissance», 1887, mit verwendet, ebenso die unmittelbar davor erschienenen von Frey und Nardini.

8 Howard Saalman, *Filippo Brunelleschi. The cupola of Santa Maria del Fiore.* A. Zwemmer Ltd., 1980.

9 Wolfgang Braunfels, *Der Dom von Florenz.* Kleine italienische Kirchenführer. Florenz 1938.

10 Die Kapellen dieser beiden Familien in S. Croce wurden von Giotto ausgemalt und gehören zu den stillen Kostbarkeiten der Stadt.

11 Saalman, a.a.O., S. 48: «But what exactly accounted for the greater beauty and magnificence (to be taken literally as greater size) of the committee project which, at the same time, resulted in a heavier top load requiring larger piers and buttressing chapel walls? One major element in the elevation must have differentiated the committee project from Giovanni di Lapo Ghini's, an element that constituted both its superiority and its difficulty: a drum between the supporting piers and the octogonal groin vaults. Nothing less decisive for the final appearance of councils, involving an ever-growing circle of advisors, or the curious reversals of opinion and final overwhelming acceptance of the committee conception. It was the idea of the drum that prompted the group around Neri di Fioravante to enter the field in the first place, the drum to which they adhered against all obstacles and the drum which, in the end, carried the day. As an act of decisive architectural creativity it matches any other in the long history of Santa Maria del Fiore, be it the basis conception of the plan by Arnolfo, by Talenti or others, or be it the technical and artistic contribution to the completion of the cupola and lantern by Brunelleschi and his successors.»

12 Wolfgang Braunfels, *Der Dom von Florenz.* Olten 1964, S. 31.

13 R. Steiner, *Okkulte Geschichte* (1910). GA 126, Dornach ⁵1992, S. 68: «Auch diesen babylonischen Turmbau können wir spirituell verstehen, wenn wir wissen, wie in alten Zeiten gebaut wurde. Solche Gebäude, welche zu dem Zwecke gebaut wurden, gewisse der heiligen Weisheit gewidmete Handlungen vorzunehmen, oder welche Wahrzeichen sein sollten für die heiligen Wahrheiten, solche Gebäude wurden in den alten Zeiten in den Maßen gebaut, die entweder vom Himmel oder vom Menschen genommen waren. Und das ist im Grunde genommen dasselbe; denn der Mensch ist als Mikrokosmos eine Nachbildung des Makrokosmos, so daß die Maße, welche in die Pyramide hineingeheimnißt sind, vom Himmel und vom Menschen genommen sind.»

14 E. Battisti, *Filippo Brunelleschi.* Milano 1974, S. 115.

15 Cesare Guasti, *La cupola di Santa Maria del Fiore.* Firenze 1857.

16 Brunelleschi hatte sicher sein Programm von 1418 zuerst in der toskanischen Umgangssprache «Volgare» verfaßt. Für den juristischen Akt wurde dann noch eine lateinische Version angefertigt.

17 H. Saalman, a.a.O., S. 7.

18 Saalman argumentiert, daß wahrscheinlich schon die Gruppe um Neri die zweischalige Kuppel in ihrem Konzept gehabt habe; denn die Frage des Gewichts einer dicken einschaligen Kuppel war von ihnen sicher durchschaut; eine dünnere einschalige Kalotte hätte aber enorme Formprobleme hervorgerufen, da dann entweder innen oder außen ein störender Absatz zwischen dem Rand des Tambours und dem Ansatz der Kuppel entstanden wäre; außerdem hätte man die notwendige Anlage von Treppen und Zugängen nicht unterbringen können.

19 Giovanni Fanelli, *Brunelleschi*. Firenze 1980, S. 11.

20 Paolo Alberto Rossi, *Principi costruttivi nella Cupola di S.M. del Fiore*. Critica d'Arte. Valecchi Edit. Firenze, Jan.-Juni 1978, S. 117.

21 C. v. Fabriczy, a.a.O., S. 84.

22 H. Saalman, a.a.O., S. 86.

23 Manetti, *The life of Brunelleschi*, 1970, Zeile 855-858.

24 H. Saalman, a.a.O., S. 195. Saalman untersucht die Frage des Materials vor allem in Richtung Herkunft, Preise, Transportmöglichkeiten.

25 Siehe P. A. Rossi, a.a.O., S. 102.

26 Siehe H. Saalman, a.a.O., S. 199.

27 Manetti, a.a.O., Zeile 1033-1041.

28 Sanpaolesi geht auf das thermische Verhalten der Kuppel und der Risse in einem kurzen Artikel ausführlicher ein: Piero Sanpaolesi, Der statische Zustand der Florentiner Domkuppel. *Kunstchronik 30*, 1977. S. 333-337.

29 Zu diesen Fragen: F. D. Prager / G. Scaglia, *Brunelleschi, Studies of his technology and inventions*. The MIT-Press, Cambridge/Massachussets 1970. Und Ladislao Reti, *Tracce dei progetti perduti di F. Brunelleschi nel codice atlantico di Leonardo da Vinci*, IV Lettura Vinciana, Barbera-Ed. 1965. Sowie Saalman, a.a.O.

30 W. v. Stromer hat nachgewiesen, daß es in den dem Kuppelbau vorangehenden Jahrhunderten einen deutlichen «Technologietransfer» zwischen Deutschland und Italien, speziell zwischen Nürnberg und Florenz, gab; auf diesem Wege könnte Draht, hergestellt mit der Erfindung der Nürnberger Drahtmühle, für diesen Zweck zur Verfügung gewesen sein. W. v. Stromer, Brunelleschis automatischer Kran und die Mechanik der Nürnberger Drahtmühle. *Architectura 1977*, S. 163-174.

31 Saalman zu den Lehrbögen: «8 Lehrbögen (centine) zur Kontrolle der Kuppelkurve in den Ecken, einer für jede Ecke, wurden im Juni 1420 hergestellt. Sie waren aus Tannenbrettern von 4 1/2 Ellen Länge gemacht ... und gesäumt mit Eisenblech. Die relativ

niedrigen Kosten für die Bögen … bezeugen ihre dünne Bauweise. Trotz des Eisensaums, der offenbar dazu diente, sie zu versteifen, mußten sie im Laufe des Kuppelbaus häufig ersetzt werden … Doch wie diese Lehrbögen aussahen, ist ungewiß. Die ansehnliche Breite der Bretter, aus denen sie gefertigt wurden, legt die Möglichkeit nahe, daß sie v-förmig gebildet waren, um in die Ecken zu passen … und auf Gehrung aneinandergefügt … Diese Lehrbögen werden Stufe um Stufe mit dem wachsenden Gewölbe nach oben versetzt worden sein.»

32 Manetti berichtet sogar von einer «14-Ellen-Probe»: «Die Bedingungen der Baukommission waren, daß er bis zu einer Höhe von 14 Ellen baut und nicht weiter, denn sie wollten sehen, wie das Werk sich bis zu diesem Punkt gestaltete.» Manetti, a.a.O., Zeile 777-779.

33 «Der Pessimismus über die praktische Möglichkeit, das Werk ohne ein gerüstgetragenes Lehrgerüst zu beenden, bestand bis zum Schluß, und die Möglichkeit, ein solches Lehrgerüst noch einzubauen, wurde offengehalten.» Saalman a.a.O., S. 125. Entsprechend wird das Modell eines großen Lehrgerüstes mit «armatura», für das Giovanni di Lapo Ghini 1371 115 Gold-Florinen erhalten hatte (inventione … factam circa armaturam fiendam de volta cupole ecclesie), aufbewahrt, als 1431 das alte Ziegelmodell der Kirche von 1367 zerstört wird – als Reserve für den Notfall!

34 Saalman schreibt zu dieser Frage: «Trotz der Tatsache, daß der Wortlaut des Kuppelprogramms und Albertis Zeugnis von allen Renaissance-Schriftstellern bestätigt wird, hat ungenügendes Verständnis der praktischen und technischen Probleme des Einwölbens ohne Lehrgerüst moderne Wissenschaftler von den augenscheinlichen Tatsachen der Dokumente und des Bauwerks zu Spekulationen geführt, die auf die eine oder andere Weise dazu führten, wegzuerklären oder zu verneinen, was das Programm klar und einfach sagt und verläßliche Augenzeugen ohne Rückhalt bekräftigen. So bestanden Durm, Fabriczy, Stegmann-Geymüller und Sanpaolesi darauf, daß irgendeine mehr oder weniger ausgearbeitete Form von Lehrbögen und stützenden Gerüsten notwendig waren und tatsächlich verwendet wurden, obwohl sie die Möglichkeit akzeptierten, daß die Kuppel ohne die Unterstützung durch ein inneres Standgerüst eingewölbt wurde.»

35 J. W. Goethe, aus «Urworte Orphisch: Dämon».

36 Manetti, a.a.O., Zeile 853: «da das Projekt ganz von ihm geplant war und in keiner anderen Weise geführt werden konnte»; und Z. 885: «da es nötig war, in fast jedem Punkt Filippo wegen der Ausführung der Arbeit zu fragen …»

37 Manetti, a.a.O., Zeile 1006-1026.

38 H. Saalman, a.a.O., S. 112.

39 H. Saalman, a.a.O., S. 134.

40 «Baccio d'Agnolo, beraten von Giuliano da Sangallo … sollte 1508 bis 1515 eine der acht Seiten mit einer Galerie über einem Marmorfries mit Girlanden zwischen monumen-

talen Löwenköpfen schließen. Sie wurde nicht fortgesetzt, nachdem Michelangelo sie nach seiner Rückkehr nach Florenz als ‹Grillenkäfige› bezeichnet hatte. Die Zeit verfügte über keine Bauform mehr, die sich an der Monumentalität ... der Frührenaissance messen konnte.» Braunfels, *Der Dom ...*, 1964, a.a.O., S. 47.

41 Schon 1432 wurde Brunelleschi gestattet, sich mit dem Modell der Laterne zu beschäftigen. Im Juli 1436 wurde es der Baukommission vorgeführt. Doch traten jetzt Mitbewerber auf, darunter Lorenzo Ghiberti, die auf das «Ausschreibungsprinzip» pochten. Am 31. Dezember 1436 wurden sechs Modelle einem Gutachterausschuß vorgelegt, der sich in geheimer Abstimmung einhellig für Brunelleschis Entwurf entschied. – Brunelleschi konnte noch einen Spezialkran für die Plattform und eine besonders übersetzte Kraftmaschine für den Transport der Marmorblöcke in über 90 m Höhe bauen, erlebte auch den Beginn der Arbeiten, aber nicht mehr ihre Vollendung.

42 «Seit diesem Jahr (1426) wurde aber auch von dem äußeren Kuppelprofil ... der oberen Kuppelhälfte abgegangen, indem die Kuppelkontur steiler geführt wird; daß selbst nochmals während der Arbeit das äußere Profil aufgeweitet wurde, konnte nach Baumessungen gesichert werden. Somit ergab sich, daß sowohl die Konstruktion als auch Form und Gestalt der Domkuppel absolut Brunelleschis Entwurf sind, daß der Umriß der Kuppel nach dem Trecento-Entwurf flacher und abgerundeter verlief und daß gerade als Renaissanceproblem das Kuppelprofil steiler gezogen wurde, wodurch neben dem Gewinn der Sichtbarkeit auch in verhältnismäßig beschränktem Beobachtungsradius die Einheit von Kuppel und Laterne erreicht wurde.» Aus: *Mitteilungen des Kunsthistorischen Instituts in Florenz,* V, 1937, H. Siebenhüner, S. 434.

43 Brunelleschi mag in dieser wunderbaren Kugel, die Jahrzehnte später von Verrocchio angefertigt wurde, den perspektivischen «Zentrumspunkt des Kuppelbildes» gesehen haben, in den Marmorrippen die «Fluchtlinien».

44 W. Braunfels, *Der Dom ...*, 1964, a.a.O., S. 47.

45 Heydenreich spricht in diesem Zusammenhang von «ceaseless interaction between aesthetic and technical considerations». Heydenreich, a.a.O., S. 5. Wir könnten auch sagen: Die Kuppel ist ein Renaissance-Beispiel von Sullivans und F. L. Wrights «form follows function».

46 Mit dieser Volute führte Brunelleschi eine Vokabel in die Architektur der Renaissance und des Barock ein, die unendlichemal zitiert werden sollte.

47 Dazu W. Braunfels, *Der Dom ...*, 1964, a.a.O., S. 36: «Brunelleschi ist der einzige Baumeister, von dem die Geschichte berichten kann, daß sein persönlicher Stil erst der eigenen Stadt, dann Italien, zuletzt und in mannigfaltigen Brechungen ganz Europa zur Norm wurde.»

48 Ein klares Anzeichen dafür, daß die Intelligenz jetzt zum erstenmal als etwas privat dem einzelnen Gehörendes empfunden wird, ist, daß Brunelleschi als erster in der Ge-

schichte ein «Patent» anmeldet für ein von ihm erfundenes Boot, das auch flußaufwärts fahren kann, wahrscheinlich mit Schaufelradantrieb. Siehe Prager/Scaglia, a.a.O.

49 Erich Schwebsch, *Zur ästhetischen Erziehung.* Stuttgart 1954, S. 142.

50 Zu diesem Problem siehe Wolfgang Gessner, *Die Sprache der Baukunst,* Stuttgart o. J. Seine Untersuchungen zu der Bedeutung des Zentral- und des Richtungsbaus sind außerordentlich erhellend und belegen, daß der alte Zentralbautyp der Baptisterien und Mausoleen sowie der byzantinisch-russisch-georgische Zentralbau eine gänzlich andere innere Bedeutung hatten als die irdisch-ichbetonten Formen der Renaissance.

51 Gottfried Richter, *Ideen zur Kunstgeschichte.* Stuttgart 1958, S. 143: «Deshalb geschieht es, daß nun alle die ‹Gebäude›, in denen der Mensch bislang geborgen war, auseinanderbrechen: die Kirche, die Ständeordnung, das Rittertum, das Reich. Der Dom, in seinem ‹additiven› Stil Ausdruck des gruppenhaften Selbstbewußtseins, als ein Haus, das eine unendliche Vielheit in seiner höheren Einheit barg, Ausdruck des mittelalterlichen Weltgefüges und Weltgefühls, ist nicht mehr. Ganz auf sich, in sich zurückgewiesen, steht der einzelne da. Es geschieht, was tausendfach – und oft, wie in Burckhardts ‹Kultur der Renaissance›, in großartiger Weise – geschildert worden ist: Geburt der Individualität.»

52 H. Saalman, a.a.O., S. 5.

53 Carlo L. Ragghianti, *Filippo Brunelleschi, un uomo un universo.* Vallecchi editore, 1977, S. 234.

54 Kolumbus' Tat ist ihrerseits vorbereitet durch das Wirken Heinrichs des Seefahrers von Portugal. Nachdem am 21. August 1415 die Portugiesen die Mauren in Ceuta geschlagen hatten, gründete der damals einundzwanzigjährige Heinrich die erste «Seefahrerschule», in der er alle nautischen und geographischen Kenntnisse seiner Zeit sammelte und auswerten ließ. Zugleich baute er immer neue Karavellen, die in den folgenden Jahrzehnten Afrikas Westküste erkundeten und schließlich das Kap umrundeten. Sein Wirken ist zeitlich ganz identisch mit dem, was von den «vier Brüdern» in Florenz geleistet wird. Es führt unmittelbar hin zu den großen Entdeckungen.

55 L. H. Heydenreich, a.a.O., S. 5.

56 W. Braunfels, *Der Dom …,* 1964, a.a.O., S. 7 u. 8.

57 Giulio Carlo Argan, *Brunelleschi.* Milano 1955, S. 7.
Für Brunelleschis Lebensbild dienten als Grundlage:
– Antonio di Tuccio Manetti, *The life of Brunelleschi.* Critical Text by H. Saalman, Pennsylvania 1970. Manettis zeitgenössische Biographie ist die entscheidende Grundlage für Brunelleschis Lebensbild.
– Giorgio Vasari, *Die Lebensbeschreibungen der berühmtesten Architekten, Bildhauer und Maler,* 3. Band, Straßburg 1906. Vasaris «Le vite …» ist uns zwar keine sichere Quelle, gibt aber dem Lebensbild Farbe.
– Cornel von Fabriczy, *Filippo Brunelleschi – sein Leben und seine Werke.* Stuttgart 1892.

Fabriczys gründliches Werk bietet die auch nach hundert Jahren noch beste biographische Analyse zu Brunelleschi.

58 Ser Brunellesco war ein hochangesehener Mann, der durch Jahrzehnte als juristisch-wirtschaftlicher Beauftragter der Stadtrepublik sich um die Belange der Mietstruppen kümmerte, für die Söldner das Geld flüssig machte und die Ausrüstung besorgte, für die Stadt die Verträge schloß – und von beiden Seiten geschätzt wurde aufgrund der strengen Rechtlichkeit und Uneigennützigkeit seiner Geschäftsführung.

59 «Rinascità», Wiedergeburt, meint eine Erneuerung der Kunst, nicht der Antike.

60 Vasari, a.a.O., S. 79f.

61 Manetti, a.a.O., S. 40

62 Wir werden unmittelbar an eine Künstlerreise unseres eigenen Jahrhunderts erinnert, die für die Kunstentwicklung eine ähnlich große Bedeutung hatte: Paul Klees und August Mackes Tunisreise im Sommer 1914.

63 Vasari, *Die Lebensbeschreibungen …*, S. 36.

64 C. v. Fabriczy, a.a.O., S. 36.

65 Manetti zitiert nach Fabriczy, a.a.O., S. 384.

66 «Ein Mann von schärfster Intelligenz und von einem Fleiß sowie einer Erfindungskraft, die Bewunderung erregen» – «Ein äußerst bedeutender und einzigartiger Mann».

Praktische Hinweise zur Begehung der Kuppel

Die Kuppel ist im Sommer und im Winter an Werktagen ab 8.30 Uhr geöffnet. Die Schließung erfolgt zwischen 16 und 19 Uhr, je nach Jahreszeit und religiösen Feierlichkeiten.

Wegen der Enge des Aufstiegs im oberen Teil und des später starken Gegenverkehrs empfiehlt es sich unbedingt, gleich morgens nach der Öffnung auf die Kuppel zu steigen.

LITERATURVERZEICHNIS
ZUR KUPPEL
VON S. MARIA DEL FIORE

Argan, G. C.: *Brunelleschi.* Milano 1955.

Battisti, E.: *Filippo Brunelleschi.* Milano 1974.

Braunfels, W.: *Brunelleschi und die Kirchenkunst des frühen Humanismus.* Basel 1981.

– –: *Der Dom von Florenz.* Florenz 1938.

– –: *Der Dom von Florenz.* Olten 1964.

– –: Drei Bemerkungen zur Geschichte und Konstruktion der Florentiner Domkuppel, in: *Mitt. Inst. Florenz.* 1965.

Bruhns, L.: *Geschichte der Kunst: Die italienische Renaissance.* Hamburg 1962.

Burckhardt, J.: *Die Kultur der Renaissance in Italien.* 1885.

Fabriczy, C. von: *Filippo Brunelleschi – sein Leben und seine Werke.* Stuttgart 1892.

Fanelli, G.: *Brunelleschi.* Firenze 1980.

Folnesicz, H.: *Brunelleschi.* Wien 1915.

Gebser, J.: *Vorlesungen und Reden zu «Ursprung und Gegenwart»,* Bde 5/1 und 5/2. Schaffhausen 1986.

Gessner, W.: *Die Sprache der Baukunst.* Stuttgart o.J.

Guasti, C.: *La Cupola di Santa Maria del Fiore.* Firenze 1857.

Heydenreich, H. L. / Lotz, W.: *Architecture in Italy 1400-1600.* 1974.

Klotz, H.: *Die Frühwerke Brunelleschis und die mittelalterliche Tradition.* Berlin 1970.

Mainsone, R.: Brunelleschi's dome, in: *Architectural Review* 162, 1977.

Manetti, A. di Tuccio.: *The life of Brunelleschi,* by H. Saalman. 1970.

Pasquale, S. di: Una ipotesi sulla struttura della Cupola di S. Maria del Fiore, in: *Restauro 5,* Nr. 28, 1976.

Pizzigoni, A.: *Filippo Brunelleschi.* Zürich und München 1991.

Prager, F. D. / Scaglia, G.: *Brunelleschi, study of his technology and inventions.* Cambridge 1970.

Ragghianti, C. L.: *Filippo Brunelleschi, un uomo un universo.* Firenze 1977.

Reti, L.: Tracce dei progretti perduti di F. Brunelleschi nel codice atlantico di Leonardo da Vinci, in: *IV Lettura Vinciana.* 1965.

Richter; G.: *Ideen zur Kunstgeschichte.* Stuttgart [8]1995.

Rossi, P. A.: Principi costruttivi nella copola di S. M. del Fiore, in: *Critica d'Arte.* Firenze Genn.-Giugno 1978.

Saalman, H.: Filippo Brunelleschi, *The Cupola of Santa Maria del Fiore.* 1980.

Sanpaolesi, P.: Der statische Zustand der Florentiner Domkuppel, in: *Kunstchronik 30,* 1977.

Schwebsch, E.: *Zur ästhetischen Erziehung.* Stuttgart 1954.

Stegmann-Geymüller: *Die Architektur in der Renaissance in Toskana.* München 1885-93.

Steiner, R.: *Kunstgeschichte als Abbild innerer geistiger Impulse.* 1916/1917. GA 292. Dornach [2]1981.

Stromer, W. von: Brunelleschis automatischer Kran und die Mechanik der Nürnberger Drahtmühle, in: *Architectura,* 1977.

Stützer, H. A.: *Die italienische Renaissance.* Köln 1977.

Vasari, G.: *Die Lebensbeschreibungen der berühmtesten Architekten, Bildhauer und Maler,* III. Band. Straßburg 1906.

Wundram, M.: *Kunst der Welt: Frührenaissance.* Baden-Baden 1970.

Zimmermanns, K.: *Florenz.* Köln 1984.

VERZEICHNIS UND NACHWEIS DER ABBILDUNGEN

HEINZ GEORG HÄUSSLER

Das Formgeheimnis Michelangelos.
Die Figuren der Medici-Kapelle

214 Seiten mit zahlreichen Schwarzweißfotos und Zeichnungen
gebunden mit Schutzumschlag

Anhand einer genauen Beschreibung der Figuren unter verschiedenen Gesichtswinkeln, ihrer fotografischen Vergegenwärtigung und vieler Zeichnungen Heinz Georg Häußlers macht der Leser die aufregende Entdeckung der Formgesetze Michelangelos mit. Von einem Bildhauer geführt, lernt er dem Fluß der Bewegungen nachspüren und die Urformen sehen: den Block im «Abend», das Ei in der «Nacht», die Schale in der «Aurora» und die Schlange am Stab im «Tag». Seitenblicke auf die Werke, in denen eine gleiche Formgebärde wirkt, weiten die Perspektive auf das ganze Universum Michelangelos.

«Das wichtigste Kennzeichen dieses Buches: Die glückliche Einheit von Forscher und Künstler. .Die Methode des Forschers ist eine künstlerische. In die einzelnen Gestalten wird nichts hineininterpretiert, sondern ihre Bewegungen und Gebärden werden durch «gesteigerte Aufmerksamkeit aller zur Verfügung stehenden Sinne» gleichsam nachgeschaffen. *Erziehungskunst*

«Die exzellente Darstellung der Figuren Von Tag/Nacht – Morgen/Abend (Fotos und Zeichnungen), ist der Rohstoff, aus dem gedankliche Gestalt konzipiert wird, die unmittelbar einleuchtet. Die Erfahrung dieses anschaulichen Denkvorgangs erzeugt im Leser eine kolossale innere Bewegung. Man kann sich wirklich einfühlen in das Beschriebene. *Info 3*

Verlag Freies Geistesleben

PIETER VAN DER REE

Organische Architektur

Der Bauimpuls Rudolf Steiners und die organische Architektur
im 20. Jahrhundert
247 Seiten mit zahlreichen farbigen Abbildungen, kartoniert

Unter den vielen Architekturstilen des 20. Jahrhunderts nimmt die organische Architektur einen besonderen Platz ein. Im Gegensatz zu anderen Stilrichtungen ist sie nie als eigenständige Strömung erkannt und beschrieben worden – obwohl zahlreiche aufsehenerregende und wegweisende Bauwerke von Architekten wie Gaudí, Mendelsohn, Steiner, Le Corbusier oder Calatrava ihr zugerechnet werden.

Pieter van der Ree beschreibt wohl zum ersten Mal die organische Architektur ausführlich als einen zusammenhängenden Baustil. Von den Anfängen im ausgehenden 19. Jahrhundert bis zur Gegenwart dokumentiert der reich bebilderte Band die Entwicklung und das Anliegen dieser Architekturströmung. Er bietet einen Überblick über die faszinierenden Gestaltungsansätze und die vielfältigen Erscheinungsformen der organischen Architektur, die nichts von ihrer Aktualität eingebüßt hat.

Verlag Freies Geistesleben